【新世紀香港社會研究系列】

不能迴避的現實

回顧任局長五年的運輸政策

張炳良 著

中華書局

【新世紀香港社會研究系列】總序

這是推動和發展香港社會研究最具挑戰的時刻。

一方面,九七回歸以來,香港作為特別行政區面對來自四方八面的新挑戰。由亞洲金融風暴到香港內部的泡沫經濟爆破、經濟轉型長年停滯不前到「沙士」來襲所造成的經濟蕭條、特區政府施政能量不足到其認受性受到挑戰、社會爭議不斷到頻頻出現社會抗爭、政制發展波折重重到社會分歧日趨嚴重,問題之多,需要重新認識、加深分析。過去很多視為行之有效的制度、政策,統統不再可能繼續以理所當然的態度來對待。如何面對未來發展?如何找到新的路向?已經再無一致的答案。這是反思香港的關鍵時刻。

同時,愈來愈多研究者嘗試運用不同的研究方法、使用不同的材料,將老話題重新打開,提出新的想法,又或者切入當今逼在眼前的課題,拋出新的概念、分析框架。當前香港社會研究百花齊放,新的觀點、新的假設,可以引起討論,並在社會上產生不少迴響。

可是,另一方面,當前本地大學、學院的環境,卻往往不利於香港研究的發展,而其中以中文來發表研究成果,就更加未受重視。近年本地大學提出的所謂知識傳遞,它們表示會承認知識的社會效果的說法,經常流為口號或姿勢,而未見珍而重之。與此同時,社會上也

湧現出不少立場為先、結論先行的論述專著。這些材料，固然可以引發起對香港問題的更多關注，但這些以情害理、立論粗疏的觀點，卻也可以反過來混淆視聽，窒礙批判思考。

面對這個困難的環境，客觀認真、立論嚴謹的香港社會研究，更需要尋找新的空間，把研究者與社會之間的交流、互動，發展得更為熱鬧。

本叢書旨在開拓這個空間，令香港社會研究活潑發展。

本書獻給我的太太和家人，
沒有她們的默默支持、耐性和容忍，
我無法心安地完成五年局長生涯。
也特別獻給我的雙親，
他倆於我當局長期間先後離世，
之前我未能多抽時間予以陪伴，
至今仍引以為憾。

鳴謝

　　此書得以順利完成，十分感謝香港教育大學的研究贊助及呂大樂副校長的鼎力支持。中華書局（香港）有限公司出版發行，特別是董事總經理、總編輯趙東曉博士及助理總編輯黎耀強先生的厚助，衷心感謝。在定稿過程中，得到運輸及房屋局前副局長邱誠武先生給予意見，至為感謝。

引言

　　我來自學術背景，卻投身政治，游走於民間與建制。近年學者論政、甚至推動社會運動漸趨普遍，但大多維持在體制外「觀戰」、吶喊、批判的定位，即所謂書生論政，較少真的「落場」進入體制內。我自上世紀七十年代學運時期擁抱進步思潮開始，深信革命貴乎實踐（praxis），而非理論，而實踐往往講求有理、有利、有節，不能妄求一步對位，因為最終社會革命或改革還涉及人心的變化，及思維上的範式轉移（paradigm shift）。正如魯迅曾說，（辛亥）革命前夕和革命之後的分別只是人們剪掉其辮子而已，但仍是舊有的腦袋。近年社會科學也流行以「路徑依靠」（path dependence）學說去分析解讀現狀與變革之間複雜微妙的關係，包括在政治和公共政策方面。

　　我乃半途出家當學者，1974 年香港大學畢業後當了十二年公務員。我要求學術超越人云亦云的研究論說，或照搬別人別地的理論去

概括本土。社會科學研究應剖析勢態，既問「為什麼」（Why），也須問「怎樣辦」（How）。學者縱有高大理想也總不能流於宣道，若只作一個完美理想世界的倡議者，令其學問只重於 normative（應然）、輕於 positive（實然），而不善於明瞭及剖析現實體制，則難以充分掌握求變之道及改變原來路徑之法門。例如，學者追求民主制度，但認真的政治學者也應同時客觀地研究分析半民主的甚或專權的政體，為何會一些有作為、一些無作為，為何有成功的威權、也有失敗的民主，以了解其所以然，然後才能探索政體表面之背後更深層的邏輯和管治之道。所以我治學之道主張「剖釋」（explanatory）。

政治家會進一步問「為什麼不可如此」（Why not），以樹立願景、鼓動人心，但也總不能以主觀意願去凌駕客觀規律或條件，古今中外不少具野心的革命家能打天下卻治不好天下，往往就是因為跨越不過由此岸到彼岸的現實鴻溝。學者進入體制，應懷「剖析體制、改革體制」的抱負。我從政向來不以所謂書生之見（即單純學理）去指導行動，因為政治和管治都是複雜的，可說既是科學也是藝術。最終從政不是為了詮釋世界（interpret the world），而是去改造世界（change the world），但世界始於足下，正如美國眾議院已故議長提普‧奧尼爾（Tip O'Neill，1912－1994）名言：「All politics is local」（所有政治皆回歸本土）。在當特區政府局長的五年期間，我時刻提醒自

己：追求變，但變須有道，需有堅持與耐性，而羅馬不是一天建成的，重要的是成功之中有我。不同的時期和大環境下，可以實踐的條件和發揮的空間自非一樣，故不可一廂情願。

在歐美國家，退下來的高層政治人物（包括總統、首相、總理、議長、部長等）樂於出版回憶錄，甚至成為「搵真銀」之途，故他們不少在位時有寫政治日記的習慣，一些行文內容且以將來作回憶錄發表為依歸呢。香港沒有這個傳統，政府或類政府頂層人士在退位後發表回憶錄的寥寥可數，記憶中只有黎敦義（Dennis Bray，港英時期民政司）[1]、鍾逸傑（David Akers-Jones，港英時期布政司）[2]、何鴻鑾（Eric Ho，港英時期社會事務司、工商司）[3] 及鍾士元（港英時期行政局首席非官守議員及回歸後首任行政會議非官守議員召集人）[4]。過渡期及末代港督彭定康（Chris Patten）主政時的中央政策組首席顧問顧

1   Dennis Bray, *Hong Kong Metamorphosis* (Hong Kong: Hong Kong University Press, 2001）.

2   David Akers-Jones, *Feeling the Stones: Reminiscences* (Hong Kong: Hong Kong University Press, 2004）.

3   Eric Peter Ho, *Times of Change: A Memoir of Hong Kong's Governance 1950-1991* (Leiden and Boston: Brill, 2005).

4   鍾士元：《香港回歸歷程：鍾士元回憶錄》（香港：中文大學出版社，2001）。

汝德（Leo Goodstadt）在九七回歸後離港，幾年後回來曾發表專書
分析前朝公共政策、透露一些內情；[5] 特區政府時期曾任教育統籌局
局長、公務員事務局局長和工商及科技局局長的王永平，於 2007 年
退休後曾出書交代局長任內政策情事，[6] 而 2002－2012 年任中央政策
組首席顧問的劉兆佳在離開政府後出版多本專書，當中有剖析回歸以
來的特區管治及新政權建設。[7]

　　我這本書並非個人從政或擔任運輸及房屋局局長（2012 年 7 月
至 2017 年 6 月）的回憶錄。管治和決策的複雜性和不完全確定性，
對我作為長期研究公共行政管理的學者而言，毫不陌生或意外；不
過，五年的問責局長生涯，的確令我對政府施政及現實政治有進一步
的體會，而且運輸及房屋政策影響民生至廣，涵蓋住、行、基建以

5　Leo Goodstadt, *Uneasy Partners: The Conflict between Public Interest and Private Profit
in Hong Kong* (Hong Kong: Hong Kong University Press, 2005)。他其後另有專書評
特區政府的經濟和社會發展政策：Leo Goodstadt, *Poverty in the Midst of Affluence:
How Hong Kong Mismanaged Its Prosperity* (Hong Kong: Hong Kong University Press,
2013).

6　王永平：《平心直說：一名香港特區政府局長為官十二年的反思集》（香港：經濟
日報出版社，2008）。

7　劉兆佳：《回歸 15 年以來香港特區管治及新政權建設》（香港：商務印書館，
2013）。

至經濟發展範疇。我自局長崗位退下後，認為應好好梳理及總結其中的政策和施政經驗、成敗得失，以及所面對和經歷的種種挑戰和矛盾等，既可立此存照，作為個人體會的一個公開記錄，更為重要的是，也讓社會上多些了解政策思考和演進的過程與因由、箇中的理性與非理性因素、政治與行政的不同考量、以至決策的偶然與必然。

　　當下不少有關公共政策的書籍走不出教科書式的概念性和應然性陳述，教科書的政策 ABC 不盡反映決策的「真實」與「現實」，對學子們的參考價值有其局限，因此我認為多些退休官員在不違反官方資料保密法前提下公開條陳過去的決策思考，對公眾應是好事，亦有助政策研究，故乃率先行動，撰寫專書，就房屋及運輸的各個政策領域和問題勾勒背景源由、政策正反考慮、成本效益評估，社會民情和議會政治的複雜交織，以及最後政策如何出台。所言所析，不涉及「爆料」，基本上讀者皆可從公開的政府資料和官員公開發言中知悉相關情節，而我的「增值」，是提供一個視角框架、一些 perspectives，從我自己作為親自參與及決策的局長的角度，去把事情、訴求和利害串連起來，使人們更好地了解有關決策（無論是作為或不作為）的底蘊。從積極看，可以帶出公共決策的多姿多采；從務實看，可展示現實世界（real world）對決策的制約，故要有決策突破和進展，不能單靠理念和良好意願，更多時候需待政治「窗口」之出現，使能因

勢利導，香港如此，世界各地其實也如此。身處其中，雖有時或會感
到決策者的渺小，遇上阻力困難時或會覺得無奈、泄氣，但也有時能
夠取得社會認同或政治共識而感到興奮，當可突圍而上時有頗大的滿
足感。

　　作為前主要官員，我受官方資料保密法規管，從法律及政治操守
而言，不能亦不應披露政府內部保密及敏感資料，因此本書引用的政
策資料、統計數字和事情陳述，大底上皆來自公開的政府及相關委員
會和法定機構的文件和報告書，包括提交立法會及其各委員會的大量
資料文件和討論文件，一些也可輕易在網上找到，還有我當局長時在
立法會及其他公開場合（如研討會、主禮活動和會見傳媒）的發言。
在評論有關的政策問題時，我盡量不去觸及現屆林鄭月娥政府的政策
舉措，以尊重政治倫理，所謂「不在其位，不謀其政」也。書內所引
數據亦多止於 2017 年上屆政府任末左右，故不一定反映本書面世時
的最新情況。

　　我當局長時負責運輸和房屋兩大政策範疇。本書乃運輸篇，房屋
篇同時另書發表，以主要政策問題、決定、重大事故等為主線去進行
第一身敘述。我取《不能迴避的現實》為書名，意念來自美國前副總
統戈爾（Al Gore）的警世電影 "Truth of Inconvenience"（《不願面

對的真相》），希望透過我的敘述，使社會上多些明白今時今日香港公共政策的現實困境、paradox（悖論）以及有時現實政治所做成的決策局限。一方面，香港在交通、運輸基建及房屋發展累積了輝煌的成就，我們的公共房屋發展模式曾為不少國家地區所借鑑，香港的公共交通系統至今仍是全球各大城市中效率最高，而香港的基建設施在過去七年連續被世界經濟論壇的《全球競爭力研究》評為世界第一，這些都是得來不易的成績。可是，九七回歸後、特別是近年來，我們的城市似陷入停滯及不知如何走下去的困境。香港目前處於發展的瓶頸，面臨容量危機（capacity crisis），不知為何發展與保育竟然變成不能兩立的追求，「為求保育不應發展」儼然成為某部分人用來阻礙大大小小發展項目的偽命題，把所有新基建工程貶為「大白象」，將必需的基建與扶貧退保等對立起來。

見諸交通運輸，社會上展示矛盾和分裂的性格，既欲增建鐵路公路，卻又諸多非議基建項目，而環保、反徵地、龐大建造費等往往成為拖延立項和工程推展的「合理」理由，且因政府的預計工期和成本預算因種種原因而失準，又反過來讓人們動輒以「延誤超支」去否定社會對基建的需要，並把大型跨境基建視作「被規劃」。社會上既感受到交通擠塞之苦，亦知公共交通為本的必要，也明白不能永遠不停建路的道理，可是精神往往戰不過肉體，大局利益鬥不過小區方便，

於是私家車難禁、稅費難加、就算按通脹調整與道路擠塞（違例泊車）相關的交通定額罰款也被議會否定、道路收費要反對、票價逢加必反、巴士小巴路線不能調整優化、車站不能遷撤，但又要道路暢通、公交班次大增，甚至乘巴士要「人人有位坐」（某區議會上議員曾向我堅持的），於是爭議不休，更成為地區政治的熱點。在理順公共交通之同時，我在任內要加緊推展高鐵、港珠澳大橋和其他大型鐵路道路基建工程，又要維持內港航道安全、航空交通暢順、提升海運空運業競爭力，更要及早落實機場三跑道系統，整個過程就簡直似在進行一場「陸海空大戰」。

擔任局長五年期間，我經歷多次重大事件，包括（以先後序）南丫島附近撞船海難事件、高鐵工程延誤超支爭議、機場三跑道系統爭議、公共屋邨食水含鉛「超標」事件、橫洲公共房屋發展爭議、民航處審計報告及新航空管理系統爭議等，致局內及相關部門用了大量的時間、精力和資源去應對危機、回答媒體查問及向社會和立法會解釋，有時並須應付外部調查和進行內部調查，包括就南丫海難和鉛水事件成立的獨立調查委員會、政府就高鐵事件成立的獨立專家小組及立法會成立再調查此事的專責委員會，以及運輸及房屋局就海事處和

民航處進行的內部調查等，這些在書中都有所交代。[8] 回顧事件的目的，不是想去「翻案」或「開脫」責任，而是感到有需要較全面和系統地說明事情因由，並去吸取經驗教訓。

火頭處處，但若不進取，則影響香港未來經濟民生深遠，故不作為並非選項。不過，我們面對的現實社會，卻是既要擴充交通運輸容量及方便通達各國各地，但又怕付出代價，不肯接受取捨（trade off），做成困局難破。眼看其他鄰近城市如新加坡、上海、深圳、廣州等急速躍進，自己社會卻只顧自怨自艾，仍在從事 shame game（責備、抹黑），把一切歸咎於政制無民主、市民無直接規劃及政府無心無能。其實一個民主社會內仍需面對紛雜的個人和小眾利益，以及各種集團和行業利益，如何整合、理順和平衡既得利益和新訴求，涉及妥協，無論是民主還是威權的政府皆需面對，難怪有一說法：「當你提出來的決策方案，無人大加反對，亦無人大力支持，就可能算是找到一個洽當的平衡點。」一個「可行可取」的方案在多元利益的環境下是不可能達致「皆大歡喜」的，對此我深有感受。

8　關於公共屋邨食水含鉛「超標」事件和橫洲公共房屋發展爭議事件，在房屋篇另書交代。

上屆政府在施政上可說舉步為艱、處處受阻、事倍功半。部分社會輿論及議會反對派因政治立場,對發展項目和計劃諸多攻擊以至「拖後腿」,然後又責難政府缺乏作為、不急民所急。而政制困局又導致政府權威和公信力削弱、所謂「行政主導」早成歷史過去的虛妄。於是,政府乏力、議會失序,無法突破不斷上升的社區 NIMBY(Not In My Backyard,鄰避症候)心態、「理得你死」症候、「巴士乘客」症候,[9] 致事事拖拉,議而難決,決而難行。本來向政府問責是對的,立法會應監察制衡行政機關,提出批評無可厚非,否則失去作用,但並非去取代政府的執政角色和功能。現時除兩級議會外,還有審計署、申訴專員公署以至各大媒體天天都在監視政府部門、找問題、提批評。可以說,監察制衡政府權力的機制和力量只在擴大,公務人員若怕動輒得咎便容易變得不敢、不肯擔當,只求無過不求進取,這樣又怎會有助建立一個肯承擔、有作為的政府呢?

這是可悲的局面、人人無奈的局面。對此困局的現實,社會不能迴避。我們既要反思由港英殖民地年代演進過來的發展模式和生活價

9　「巴士乘客症候群」指人們在巴士站等車時,皆期望巴士很快到達並停下來「上客」,但在自己上車後卻又希望巴士盡快/立即關門開車,意即只從自己的方便考慮。

值觀，但另思新發展模式，不等於不發展或反發展，否則香港應有的
經濟增長和市民生活改善就無從談起，我們的城市只會日趨邊緣化、
無助下去。

　　「不能迴避的現實」，也是我對社會的呼籲，讓我們重塑共同願
景，重拾集體鬥志，突破種種思維和利益束縛，不能再蹉跎下去！

目
錄

目
錄

第一章 ——

公共交通為本的運輸策略

　　2012 年我加入梁振英政府團隊，原先打算專注房屋與土地事宜，按其政府改組方案出任新的房屋規劃及地政局局長，但是由於當時立法會會議持續「拉布」，令法案遭到拖延而未能趕及於 6 月提上大會審議通過，故按既有政府架構我遂被委任為運輸及房屋局局長，兼顧房屋政策及比房屋範疇更廣的運輸政策。[1] 在我 7 月上任後，旋即展開長遠房屋策略檢討等房屋政策新舉措，社會上很多人還以為我把主要精力放在房屋事務，甚至有媒體報道說我把交通運輸事宜交由副局長邱誠武去負責，這當然不是事實，對於交通運輸的各項政策，我皆親自去抓。

　　擔任局長五年，運輸政策佔我的整體時間達六至七成，因為它涵蓋的範圍實在太大了 ── 陸海空交通、各類公共交通服務、單車、行人安全及步行環境、票價問題、鐵路道路及橋隧工程、機場港口、民航談判等等，還有促進現代物流。一些政策與日常民生息息相關，一些關乎經貿發展以至香港的整體競爭力及區域與國際連繫，可說舉足輕重、千頭萬緒。因此我經常對運輸業界的持份者說：「我的職銜是運輸及房屋局局長，運輸行先。」

1　2012 年 9 月立法會換屆改選後，因應對新政局的考慮，梁振英特首決定暫時不再去推行政府改組方案。

3

交通運輸關乎民生與經濟

香港地少人多，出行頻繁，而且每年還有五千多萬遊客訪港（2017 年有 5,847 萬人次），在在做成交通系統特別是公共交通（公交）服務上的壓力。如何推動和強化以公交為本、以公交為主的交通運輸系統，乃我任內與局內同事致力的策略目標，除了關乎陸上各公交工具，特別是鐵路和專營巴士等大型運輸網絡的擴充、效率、班次、覆蓋面和票價外，更涉及檢討輔助性公交服務如小巴、的士、海上渡輪等服務，以至道路隧道的使用如何體現公交優先、如何處理私家車增長帶來道路擠塞及泊車位不足等的問題，可說是一環扣一環。交通運輸的效率也直接影響我們城市的人流物流及不少行業的發展和成本，做得好有助提升整體經濟競爭力，因此我們需進行陸海空全面大戰。

我給予同事的工作目標是：方便「出行」（Mobility）和促進「通達」（Connectivity）。在不少國家和城市，「交通」屬於吃力不討好的政策範疇。記得 2016 年我往馬爾他（Malta）作官式訪問，簽署雙邊民航協定，在與該國交通部長交流時，他訴苦說他乃最不受歡迎的部長，原因在於當地私家車過多，平均每人兩輛以上，導致道路經常擠塞、民怨很大。2017 年新加坡鐵路（MRT）服務經常出現事故，也

令其交通部長頭痛不已。

在我 2012 年中上任時，政府剛啟動自 2007 年「兩鐵」（即地下鐵路與九廣鐵路）合併後，按政府跟新的香港鐵路有限公司（簡稱「港鐵」）簽署的《營運協議》（Operating Agreement）下首度五年一次的票價調整機制檢討，並正跟進顧問公司所展開有關 2021 年以後「鐵路發展策略」的研議，以確定最後方案。而且，高鐵、港珠澳大橋、港鐵沙田至中環（沙中線）、中環—灣仔繞道等重大運輸基建工程的推展，以至擬議的中九龍幹線的規劃，都是迫切的項目，在在影響未來整體公共交通的佈局與成效；還需處理前屆政府已展開的關於過海隧道流量合理分佈（簡稱「分流」）的顧問研究，及高鐵項目如何實施「一地兩檢」跨境通關安排的問題。此外，我們亦要處理機場三跑道系統的進一步規劃、財務安排和立項事宜。可以說，my plate is very full indeed!（手上工作經已滿滿）

為何不做第四次整體運輸研究

當時一些學者和議員倡議立即展開大規模的第四次整體運輸研究（Comprehensive Transport Study, CTS），就眾多的交通運輸問題及課題進行深入研究，提出長遠解決方法和建議。

查政府自 1976 年以來共進行了三次整體運輸研究，訂下運輸規劃和整體發展策略的綱領，包括基建設施，以配合社會經濟不斷發展所需。過去，前港英政府因應 1976 年完成的第一次整體運輸研究的建議，落實興建地下鐵路系統。其後按 1989 年完成、並於 1993 年更新的第二次整體運輸研究所建議，興建多項道路和鐵路基建設施，包括北大嶼山快速公路及青嶼幹線，以及機場鐵路／東涌線、將軍澳線和西鐵線等，以配合赤鱲角香港國際機場、都會計劃和多項填海研究項目。回歸後，1999 年完成的第三次整體運輸研究，確立了幾大方向：（1）更充分運用鐵路，讓鐵路成為客運系統的骨幹；（2）提供更完善的公共交通服務和設施；（3）更廣泛運用先進科技去管理交通，以及（4）推行更環保的運輸措施。

我與局內同事經商討後認為，上次即第三次整體運輸研究的方向至今依然適用，雖然需予深化，例如在應用創新科技及環保方面，但這屬於推展層面和落實上的問題，我們看不到進行另一次整體運輸研究會帶來新的結論。事實上，我曾多次向立法會說明，政府的基本運輸政策是：公共交通為本（優先）、鐵路為骨幹，減少依賴私家車，善用道路資源，推動綠色交通，以及締造方便行人和「單車友善」的環境。再做另一次大型的整體運輸研究，表面看來風光，但很大可能會既費時卻不會達到突破性的政策檢討效果。

本來，既然我已在房屋方面啟動長遠房屋策略檢討，那麼在交通運輸方面再來一個整體運輸研究也應無妨，而且可顯示新政府一上任便在兩大民生領域各燒一把火，應可贏得公關分數，又能揞得部分議員開心，讓他們得以「成功爭取」，何樂而不為呢？不過，參考以往經驗，做整體運輸研究這樣的大型研究，由確定目標與範圍，到準備標書細節，再去招標找顧問，然後監督顧問的工作，至顧問報告完成出台進行諮詢，動輒需要幾年時間。若我們政府不欲即時有所作為、及要找個好理由不去就具爭議的事項拍板，則找顧問去做另一次整體運輸研究或許是最好的安排，因為待報告發表時已到政府屆末了。但是我們不是這麼想，我們欲盡快有所作為。

於是，我接受同事的分析，認為與其去搞另一次增值不多的整體運輸研究，勞師動眾且耗時較長但最終可能是「雷聲大、雨點小」，倒不如在不同的相關範疇進行各項實在並具策略性視野的檢討，互為呼應，更來得有實效，故此力排議會「眾議」，相信曾令到多位議員不滿。我們當時寧願務實地採取分散（或曰斬件式）的做法，去推動檢討和改革，當中主要包括：

• 在 2014 年推出《鐵路發展策略》，提出七個新的鐵路項目，包括新增鐵路站；

・ 在 2014 年要求交通諮詢委員會進行全面的《道路交通擠塞研究報告》，提出短中長期改善的建議；並同時研究如何在中區實行「電子道路收費先導計劃」；

・ 經內部再三商討，於 2014 年決定放棄原先的「東（隧）減紅（隧）加」過海隧道收費調整方案，改而決定委託顧問全面檢討三條過海隧道及三條陸上隧道的流量，去作更徹底的分流建議，就此已於 2017 年 11 月由現屆政府交代顧問研究結果；

・ 自 2014 年底起，分階段進行全面的《公共交通策略研究》及逐步落實其中的一些改善建議。該研究涵蓋除重鐵（heavy rail，含地下鐵路）外的所有公共交通工具包括輕鐵，最後報告已於上屆政府任滿前發表；

・ 於 2016 − 2017 年度展開泊車政策檢討，優先回應商用車的泊車需要；以及在上述的公共交通策略研究中，專題檢討在公交上推動「無障礙交通」，並配合上屆政府於 2012 年 8 月剛上任便提出的「人人暢道通行」（Universal Accessibility）政策，在公共行人通道增設無障礙設施包括行人用升降機及上坡行人電動扶梯連接系統，並在通往主要車站及公共運輸交匯處的行人道加設上蓋，方便行人。

　　以上各項個別策略性研究及檢討，當中也有涉及外聘顧問研究項目，加起來近乎一個整體運輸研究所涵蓋的主要範圍。

與此同時，我們亦致力營造綠色社區，推動以單車及步行作短途出行方式，方便市民往返公共交通車站和居所或辦公地點，作為「首程」和「尾程」接駁。以後另章討論。

無障礙運輸

多年以來，政府雖然奉行「無障礙運輸」原則（Transport for All），但在實行上我認為仍較其他一些大城市稍為落後，這一方面涉及相關立法規定的複雜性，例如因應近年政治環境，就算是立法規管汽車上兒童乘客須配上安全帶之議也蹉跎多年；另一個關鍵因素是香港的所有公共交通服務皆由私營企業經營，連公交佔比最大（37%）的鐵路服務（含地鐵），也由上市的港鐵公司經營，雖說政府是公司最大股東，但因屬公開上市公司，最終按商業利益行事，從而做成政府不能隨意下達政策要求各營運者執行，一切仍要靠鼓勵，動之以情、甚至動之以利，如透過專營權再續之談判、以公帑配對資助等，同時也要看不同營運者本身的「企業社會責任」文化如何。

我曾兩度與殘疾人士組織和傷健團體代表進行聯席會晤，聽取意見和建議，並責成局內同事連同運輸署檢視現行公交工具的無障礙設施，列出清單以作跟進。因應 2014 年底展開公共交通策略研究，便

將工作正式納入專題研究。為加強力度，我親自約見各主要公交營運機構的領導層，呼籲他們與政府一道推動無障礙運輸，並敦促採取主動，促進共融交通。

研究報告書提出的改善措施大致可分兩大方面：一是提升候車候船處的無障礙設施和配備，包括資訊發放，方便視障及聽障人士。二是車輛和車廂改善：在 2017 年底全線專營巴士車隊均使用低地台巴士，大嶼山巴士因路線地勢因素除外；研究巴士車廂增加輪椅泊位至兩個之可行性及初步在新醫院線試行；推出可供輪椅上落的低地台新公共小巴試驗計劃，於三條醫院線引入；所有登記專線小巴將配備額外一級中門梯級、額外扶手及有提示燈之落車鐘等設施；引入多些可供輪椅上落之的士，以及修例容許長期病患人士攜帶被列為受禁危險品的自用醫療氧氣瓶乘坐巴士等。

一些關注團體批評上述措施仍未足夠，又或部分措施的推展進度未如理想，例如仍需試行才進一步推展。我接受這些批評，但問題主要在於原來的基礎不足，難以一步到位，但我認為現今在設定議程或政策方向上，均已邁開重要一步，之後應是政府、營運者及關注團體透過緊密溝通和合作，共建共融交通的新階段。

「人人暢道通行」計劃

以前政府相關部門在推動「無障礙」（barrier free）通道方面未夠進取，往往處於被動地回應外來要求，有時乃因受制於保守的政府內部資源分配機制及未能與時並進的設施和服務準則，因此需要決心和時間去檢討及「拆牆鬆綁」，更重要的還是要去爭取新政策、新資源。2012 年 8 月上屆政府剛上任，在梁特首主催及時任政務司司長林鄭月娥的統籌下，跨部門之間終於同意推行主要由路政署負責執行的「人人暢道通行」計劃，並且得到當時立法會支持設立「專款專用」（Block Vote）機制，通過年度性整體撥款而非逐個項目撥款，使能大規模地在全港十八區興建連接公共行人通道（特別是往公交站或交匯處）的升降機塔（lift tower），以方便長者和行動不便的人士，連同前屆政府因應平等機會委員會要求而推展的近 150 個項目，加上十八區各三個「新增」優先項目，合共約 210 個加設無障礙通道設施的項目。

這是重大的政策突破。今後政府考慮在現有或新建的公共行人通道設置無障礙設施時，對設置升降機或斜道（ramp）將同等看待，改變了以往優先考慮只建斜道的政策，而且若實地情況容許，即使行人通道已經設置標準斜道，亦會考慮加建升降機。新增項目皆採取由下而上的做法，由地區提議及經區議會定優次，路政署進行工程可行

位於灣仔區橫跨告士打道近中環廣場的行人天橋

圖片來源：路政署網頁—人人暢道通行計劃

性評估並向區議會提供專業意見。為了回應地區及議會的合理訴求，2017 年 1 月我們透過行政長官施政報告宣佈，再推出新一輪各區三個優先加建項目，並且擴大「公共行人通道」的範圍，只要符合若干條件，不再局限於由路政署負責維修保養的通道。

與此同時，我亦要求局內同事檢討既有的興建上坡行人電動扶梯連接系統（含升降機系統）的進度和準則。前屆政府曾於 2009 年訂定評審制度，以一套具透明度的評審準則，為當時收到來自各區的建議工程項目評估效益及決定其進行初步技術可行性的優次，於 2010 年共確定十八項獲得排名的建議項目，之後若確認技術上可行，便進行勘察、設計，爭取資源分配以立項施工。但由於立項需時，建造費高昂，往往是以億元計，且落實進度受制於規劃程序和建造地點之工程複雜性，為地區上所非議。立法會亦批評為何不在十八個排名項目之外再接納新增建議。我理解地區上的訴求，同意應為未來高齡社會及早籌謀，不能囿於死板的財政考慮。經商討後於 2017 年 1 月行政長官施政報告中宣佈，年底展開研究，檢討和改善現有的評審機制，並根據研究結果，為過去多年來收到的其他建議進行篩選、交通評估及初步技術可行性評估，以擬定日後推展的時間表。

有議員主張效法「人人暢道通行」計劃設立「專款專用」機制，

以加快撥款進度，這當然未嘗不可，但問題最終仍在於規劃過程和工程的繁複、地區上有時意見紛紜，[2] 以及今時今日立法會內公共工程立項審議時間日長，不肯輕易放寬對較大型工程的撥款控制，故欲速不達。

公共交通票價

　　長期以來，票價是香港公共交通政治的熱點議題之一，標榜民生的政黨及議員，無不致力爭取票價優惠、凍價、減價及政府提供交通津貼等，去突出其為民請命、關顧民生，以贏得媒體曝光及選票。這屬必勝的政治定位，若然有所得便是成功爭取，若無所得便是政府監管不力、公交營運者只求利潤而對市民需要麻木不仁，正義仍在爭取的一方啊！而市民大抵上都不會反對票價減低或享受各種優惠的。這樣說當然不是認為公交票價對民生並不重要，特別是對住得偏遠的基層之日常生活負擔而言，反之，既然政府確立了以公共交通為本的運輸策略，則按理在政策上應維持「可負擔的」票價水平。但怎樣才算可負擔呢？

2　　如中環磅巷建議項目，儘管區議會內多數要求建造，但因遭到一些地區人士和保育團體反對而拖延多年，未能決定。

我記得上世紀八十年代初，由屬工黨內激進左派的李文斯頓
（Ken Livingston，綽號 Red Ken）領導的大倫敦議會[3]曾一度推出低
廉票價去吸引更多人乘搭倫敦地鐵，以期減輕路面交通擠塞，又可利
民，甚至反過來因客量大增而改善地鐵虧損情況，概念上屬一舉多
得，他稱之為 Fair Fare（公平票價），但實施後不久便告夭折。至新
千年李文斯頓重返政壇當選倫敦市長後再行低票價政策卻確見成效。
我上任局長後，也在政府內部及公開主張採取 Fair Fare（「票價公
道」）的政策目標，一方面照顧普羅市民的負擔能力，另一方面維持
公共交通服務在營運上和財務上的可持續性及相關企業有合理回報，
力求達到較好的平衡。票價過高固然影響民生，不符合鼓勵人人多用
公交的取向；收費過低則難以抵消經營支出和資本成本，不利於公交
的投資和擴充，若然因回報偏低而需依靠政府不斷補貼，或長期虧損
令私營營運者退場而需由政府接管以補貼式經營，也並非社會長遠之
福。這是運輸經濟學 ABC。

香港因城市人口稠密而且比較集中，內部經濟和社會活動頻繁，

3　由於大倫敦議會（Greater London Council）影響力太大，後遭時任首相戴卓爾夫
　人（Margaret Thatcher）於 1986 年藉地方政府改革而廢除，取消了在野工黨的一
　個重要權力據點。

故能發展出成本效益高、服務相對便捷可靠、覆蓋面廣的公共交通網絡，並能一直以商業原則經營，基本上無需依賴政府直接資助，除了針對特定群體的政策性資助 ── 即長者及合資格殘疾人士公交票價優惠、鼓勵就業交通津貼計劃、學童車船費津貼、六條主要離島渡輪航線特別協助措施等，這在其他城市看來，簡直是一個難得的模式。但這個模式要能持續，政府須發揮重要的把關作用。長期以來，公共交通服務藉政府批出專營權或發牌由私營機構營運，其票價須經政府同意及行政長官會同行政會議（港英年代為總督會同行政局）通過，在整個過程中體現決策的科學與藝術之結合。

　　調整專營巴士、專線小巴和的士等的票價／收費，一方面考慮客觀的數據，包括營運成本和收益、市民對於服務表現的反應及市民的負擔能力等，另一方面運輸及房屋局會發揮綜合評估與平衡的藝術，並考慮到不同公交工具收費之間的差距對比，經參考議會和社會上的意見後，再提請行政會議作整全考慮去批准調整幅度。各公交工具之間，以始於 2006 年的專營巴士票價調整安排（Fare Adjustment Arrangement, FAA）至為全面而細緻，涵蓋多個元素：

- 自上次調整票價以來營運成本及收益的變動；
- 未來成本、收益及回報的預測；

・ 營運者需要得到合理回報；

・ 市民的接受程度及負擔能力；

・ 服務的質與量；以及票價調整幅度方程式的運算結果。方程式為：（0.5 x 運輸業名義工資指數變動）＋（0.5 x 綜合消費物價指數變動）－（0.5 x 生產力增幅），而當中生產力增幅數值則參考過去的總收益與總營運成本的比例，若為正數等於要求生產力有所上升並以此調低任何由方程式計算出來的加幅。

但是，方程式運算結果不會自動成為票價調整的依據，也須綜合考慮上述其他因素。而且，政府每季監察方程式的運算結果，若達到－0.2%，便會主動檢討票價。

2007 年兩鐵合併之前，地鐵（MTR）票價可由地鐵公司董事局自行決定，即所謂「票價自主權」（fare autonomy），九鐵（KCR）票價則由九鐵公司提出，由政府及行政會議把關審批，而地鐵公司董事局不會年年加價，實際上也會照顧市民的負擔能力和社會政治反應。但是，兩鐵合併時，時任政府與地鐵公司董事局磋商後，新的港鐵公司以放棄票價自主權去換取所謂按經濟環境「可加可減」的純由方程式直接驅動的票價調整機制，引入硬着陸的加價行為，失去綜合評估的決策藝術之一環，現在回看，乃一決策敗筆。從此屢生社會及政治

爭議，港鐵由以前廣受歡迎的地鐵逐漸變成常受批評的「逐利」壟斷者，儼然背上原罪一樣，使公交政治得以進一步發酵。港鐵的種種問題，我以後在第四章再作分解。

總結五年經驗，容量限制和票價問題，乃任內在公共交通方面的最大挑戰。

參考閱讀

1. 運輸署，《第三次整體運輸研究：研究報告》，1999 年。

2. 運輸及房屋局提交立法會交通事務委員會討論文件「人人暢道通行計劃」，CB(1)153/12-13(03)，2012 年 11 月。

3. 運輸及房屋局，《公共交通策略研究》報告書，2017 年 6 月。

第二章 ——

公共交通的進一步擴展

香港的公共交通網絡四通八達，承載每天總出行人次近九成（約1,260萬人次），承載比率之高應屬世界各大城市之最。按新加坡陸上交通局於 2014 年 11 月進行的一項研究，香港使用公共交通工具的比率為二十七個城市中最高，新加坡的比率約六成，首爾約七成，東京約五成，倫敦及紐約只約三成。至於內地，深圳、上海和北京的公交使用比率也只約五成左右。

而且，根據國際管理顧問公司 Arthur D. Little 於 2014 年 4 月公佈的城市流動指數研究報告，在全球八十四個城市中，香港公共交通服務排行榜首，而港鐵的車程準時度（reliability rate）為 99.9% 強，也屬全球之前列。香港在交通管理上的表現廣受國際好評，內地不少城市都前來取經，連新加坡雖然認為在很多方面都超越香港，但也承認要以香港的公共交通表現為基準（benchmark），特別是我們的鐵路管理。

香港在公共交通的成就和經驗乃幾十年來不斷努力所累積，可說得來不易。所以，當在高承載量和高班次密度的情況下有時無可避免地發生一些事故或延誤時，儘管議員和媒體總會大加批評，差不多把我們的公共交通說成一無是處，但我希望廣大市民乘客不要妄自菲薄，只要看看其他一些大城市的實際情況，便知道在繁忙都市再加上

繁忙時間應付龐大的出行需求一點也不容易。當然，香港的公交營運者絕不應安於現狀，因為用者的期望也在上升，而其他城市，包括內地一些大城市，也在不斷改善其公交網絡及提升效率。

　　1999 年第三次整體運輸研究除了勾勒上章提及的四大方向外，亦按各類公共交通服務的效率和功能，去訂定其角色定位及在整體交通運輸框架內的級別。居首的是重鐵，因為重鐵專軌運行，載客量高，便捷而環保（無廢氣排放）；其次是專營巴士（大巴）和輕鐵，它們屬主要載客工具，並提供便捷的鐵路接駁服務。其他的公交工具，順次為公共小巴及的士，則提供輔助性服務。至於渡輪，則為離島市民特別是缺乏陸路連接者，提供必需的交通服務，及以港內線給予乘客另一穿梭香港島與九龍兩岸的交通選擇。從相對載量和運輸效率而言，這個級別結構（hierarchy）應予維持，所以我們在上屆政府任內的主要工作是去檢視如何進一步提升容量、覆蓋和效率。

《鐵路發展策略 2014》

　　在展開《公共交通策略研究》（Public Transport Strategy Study，簡稱 PTSS）之前，運輸及房屋局先行完成並於 2014 年 9 月公佈《鐵路發展策略 2014》（Railway Development Strategy，簡稱 RDS），重

申鐵路作為公共交通系統骨幹的基本政策，勾畫了直至 2031 年重鐵網絡的發展和規劃藍圖。

RDS 涉及的初步檢討及諮詢工作其實早於前屆政府已經展開，由工程顧問協助及路政署負責向運輸及房屋局提供分析和建議路向。最終經我在局內拍板並獲行政長官會同行政會議同意的 RDS，提出共七個鐵路項目的初步建議，即北環線及古洞站、屯門南延線、東涌西延線、洪水橋站、東九龍線、南港島線西段及北港島線，以作下一步深入的工程和財務可行性研究。七個項目的初步成本估算，按 2013 年價格計算，合共 1,100 億元，屬龐大的基建投資計劃。若全部落實，預計屆時重鐵網絡將可覆蓋全港約 75% 人口居住和 85% 就業機會的地區，大大方便人流物流，促進社區之間的連繫融合，並同時驅動社區、新市鎮與新發展區的進一步發展，釋放土地潛力，增加經濟價值。

RDS 的工程顧問原先傾向不納入東九龍線，主要是對其工程複雜性和難度有所顧慮，但經運輸及房屋局內再三考慮，我們認為有去馬之必要，否則東九龍包括觀塘一帶日漸惡化的道路交通便無法根治，而且東九龍地區（例如安達臣石礦場發展計劃）將是未來大型房屋發展的地區之一，必須提供高效的公共交通連接。因此，儘管在早前諮

詢階段政府部門曾指出有不少不易克服的問題，但是最後東九龍線仍被納入 RDS 項目之列，一些地區議員雖然歡迎這個決定，卻又批評政府今天之我打倒昨天之我，總之是要製造對其有利的話題。

不過，就屯門、荃灣兩個區議會極力爭取興建的屯荃沿海鐵路，經工程顧問及路政署一再評估，仍認為其走線兩頭及沿海岸各處缺乏足夠客流量，而按規劃署當時所掌握的發展數據，就算是未來 15 年這個格局仍會基本不變，令這個以 2013 年價格計算將耗費約 650 億元的倡議項目難以符合成本效益，故最終我們無法支持納入 RDS 內，因此引來區議會和一些當區立法會議員的猛烈抨擊。但我堅持，公帑運用必須得宜。同樣思考下，因其整體財務可行性成疑，我們也否定了一些團體和深圳方面積極爭取興建的深港西部軌道，它單是在香港境內的部分所涉及的資本投放，以 2013 年價格計算已約 1,100 億元。但我們同意在 RDS 以外，因應將來港深兩地發展參數的變化，可另行研究興建一條連接香港與深圳前海的跨境快速軌道的可行性。

在上屆政府，運輸及房屋局於考慮新的鐵路項目時，並非只看簡單的成本效益。傳統上工程界就運輸基建設施投資所作的成本效益分析，主要考慮乘客量及所產生的時間成本節省（time cost savings）。若循此路，則早期尚未有任何運輸基建時，新項目的時間成本節省

（亦即效益）定必至大，因而內部經濟回報率也較高；但是，在已有了基本的運輸基建設施之後，若進一步加設基建，其所能衍生的額外時間成本節省（或曰邊際時間節省效益）必然下降，因此若單看狹義的時間成本節省去計算回報，則很多大型基建項目根本缺乏條件提到規劃上。

況且，傳統上計算客量需求，往往依賴以往的需求模式、分佈和水平去作預測，流於保守，並未顧及由供應驅動的新增需求（supply-induced demand），即未有新產品新服務出台前市場上未有明顯的需求和需要，但一旦新產品新服務上市後會刺激需求及製造新需要的市場常見現象。此所以過去香港一些新運輸基建項目在規劃和上馬時常被人按當時的預測需求數據批評會變成「大白象」，但落成啟用後不久，便要面對容量不足應付需求的挑戰了，西鐵如是，赤鱲角香港國際機場跑道也如是。而且，在香港和外國的經驗均顯示，新基建項目能促進一個城市或地區的進一步發展，創造空間與經濟活力，對民生和經濟皆帶來好處，其整體效益大大超越時間成本上的節省。日本自上世紀七十年代起大力投資興建新幹線高速鐵道，推動國內各城市發展，乃至佳明證。今天中國內地發展高鐵也是同一道理。

因此，在制定 RDS 時，我們不囿於傳統的成本效益和財務回報計算方法，加入了對社會經濟發展潛力和地區在出行時間成本節省以外其他得益的考量，包括環境效益，並且採取運輸基建與房屋發展同步，而非基建落後於房屋建設（以待累積足夠的客量）的規劃原則，以求減少過去基建配套滯後所帶來的種種地區問題，包括道路交通擠塞等。總的來說，七個 RDS 項目的整體經濟內部回報率估計約為 2%，與上世紀八九十年代的早期鐵路項目相比可能偏低，但我相信，這些新項目將來落成後會對社會發展帶來莫大貢獻，是得宜的公共投資。

2014 年 9 月公佈《鐵路發展策略 2014》後，運輸及房屋局旋即展開《公共交通策略研究》，在重鐵網絡進一步擴展下，優化公共交通佈局，對重鐵以外的公共交通服務的角色和定位作出全面而有系統的檢視，維持得來不易的生態平衡，促進不同服務之間的優勢互補，讓廣大市民享有便捷服務和多元出行選擇之同時，各公交服務營運者也可持續發展，最終令市民受惠。儘管鐵路乃交通系統的骨幹，但不應等同「一鐵獨大」，我們也須致力維持專營巴士網絡的集體運輸作用。

《鐵路發展策略 2014》（2014 年 9 月）

《公共交通策略研究》

　　我決意全面檢討並加強公共交通的主導地位。《公共交通策略研究》分為兩部分同步進行：（1）透過顧問研究協助進行「角色定位檢視」，循着 1999 年第三次整體運輸研究所確立的大方向，深入探討專營巴士、輕鐵、公共小巴、非專營巴士（包括邨巴、校巴）、的士、電車及渡輪等各公交服務的角色定位，提出有利於其各自長遠穩健發展和互補的調整；（2）就公共交通業界較為關注、有迫切性而需優先處理的八個課題，以「專題研究」深入探討，包括專營巴士的服務水平、校巴服務、公共小巴座位上限數目、公共小巴總數上限、的士的供應和服務、的士徵收燃料附加費的可行性、渡輪服務，以及如何方便殘障人士使用公共交通。

　　由 2014 年底至 2017 年初兩年多期間，運輸及房屋局就「專題研究」部分各個課題的探討結果和建議的改善或優化措施，循序地諮詢業界並向立法會交通事務委員會匯報，聽取各界意見，一有共識便確定落實的細節和時間表，不待整體研究完成後才去執行。至於「角色定位研究」，則至 2017 年上半年才完成。《公共交通策略研究》最後報告書於 2017 年 6 月上屆任末公開發表，共列出六十七項措施，當中二十項措施按上述已經在研究進行期間提出並先後落實推行，另

三十三項措施在研究過程中早已公佈而現今有確切的落實時間表，而十四項為最新的建議措施。

　　在此我不詳述報告書內容，只想指出其主要脈絡及策略方向。首先，香港公共交通之發達在國際上廣受好評，其成功因素有二：一是成本效益高、服務快捷可靠，並且是世界上少有不需依賴政府公帑補貼而能持續維持有效運作的城市公交系統；基於對特定社群需要的政策考慮，政府提供一些針對性資助計劃，包括學童車船津貼、長者及殘疾人士 2 元公交優惠、按經濟條件審查的跨區就業交通津貼等。二是大抵上不同的主要及輔助性公交服務皆有其各自發展空間，功能互補，令廣大乘客有多元選擇、各適其適。因此我們不擬改動現有營運分工和生態平衡。不過，在人口增加、整體社會及經濟活動繼續增長下，對各種公交服務的需求也應會持續提高。2016 年每天使用公交約 1,260 萬人次，預計到 2031 年升至 1,380 萬人次，增幅達 9.5%，當中以新界東北和西北部以及大嶼山的升幅較為顯著。

　　2016 年有重鐵十一條線（包括機場快線），每天為共約 470 萬人次服務，公交市場佔比為 37% 左右，預料就算落實《鐵路發展策略 2014》的各個項目後，至 2031 年其佔比也只增至約 40%。專營巴士乃路上集體載客運輸工具，服務那些未有鐵路直達的地區，並提

供接駁至鐵路網絡以及跨區的服務。2016 年六個巴士專營權的車隊共約 580 條巴士線、5,900 輛巴士，每天為 410 萬人次服務，公交佔比約 33%，與十年前相若，預計至 2031 年仍達 30%。輕鐵佔比因新界西北部交通需求日增，預料會由 2016 年的 3.7% 稍為上升至 4%。至於公共小巴，包含綠色專線和紅色小巴，其佔比預料仍維持於約 15% 不變。餘下的士之佔比預料由 7.4% 稍增至約 8%，渡輪維持於約 1%，電車的佔比因受其服務範圍所限會由 1.4% 降至約 1%，而屬非專營巴士的居民巴士（即邨巴）則仍有緩升，由 1.9% 增至約 2%。

公共交通服務平均每日乘客人次分佈及預測

	2016 年	2021 年	2031 年
鐵路	470 萬（37%）	約 39%	約 40%
專營巴士	410 萬（33%）	約 30%	約 30%
公共小巴	180 萬（15%）	約 15%	約 15%
居民巴士	23 萬（1.9%）	約 2%	約 2%
渡輪	13 萬（1%）	約 1%	約 1%
的士	93 萬（7.4%）	約 8%	約 8%
輕鐵	49 萬（3.9%）	約 4%	約 4%
電車	18 萬（1.4%）	約 1%	約 1%

資料來源：運輸及房屋局，《公共交通策略研究》報告書，2017 年 6 月，頁 6−7。

報告書用了相當篇幅檢視**專營巴士**，因為它乃路面集體客運工具，其角色應予維持並加以強化，包括如何持續改善營運效率、優化乘客配套設施、加強服務多元化、確保票價調整機制與時並進、及時提供更多票價優惠等。 些其他大城市已經進入 Bus Rapid Transit（BRT）（快巴）的概念和運作，盡量利用路面巴士專線；在內地一些城市也有開通 BRT 線，如廣州便於 2010 年推出 BRT，名為「快速公交」。香港因道路空間使用率高、部分路面交通擠塞嚴重，影響班次頻率，令巴士網絡可進一步發揮的集體運輸作用受限，同時車長人手供應緊張亦是近年各專營巴士公司均面對的問題。但是無論如何，我認為仍應在整體公共交通策略上考慮強化巴士的角色及增闢道路巴士專線，因為在未來十年逐步落實《鐵路發展策略 2014》各項目後，香港受地理條件及既有發展所限，再建新鐵路線的空間已不多。

我們肯定「區域性巴士路線重組」的必要，透過取消或合併使用率長期偏低的路線，以騰出資源開辦新線回應新需求，同時緩解部分道路交通擠塞及減少路邊空氣污染。與此同時，我們也提出增加巴士轉乘設施包括設立新的轉乘站及轉乘票價優惠，在貫徹巴士優先使用道路之原則下推出多些巴士專線，並同時考慮在重組巴士路線時，把一些乘客量較少的路線改由專線公共小巴經營，但落實時當然要看業界的反應。

　　此外，為強化巴士多元服務以回應不同乘客群的需求，提出循三方面開拓新服務：（1）開辦收費稍高的長途巴士新型服務，特色是加寬座位、不設企位、停站較少及取道快速公路，以及車廂配備更為全面，此等路線可與一些重鐵線有所競爭；（2）調配中型單層巴士，為密度較低但有增長潛力的住宅地區如新界地區，提供來往交通樞紐點的短途穿梭服務（shuttle service）；及（3）以配備更多無障礙設施的低地台巴士，去營運醫院線或開辦新的社區醫院線（即「H」線）。

　　就**輕鐵**而言，當年港英政府決定在新界西北部興建輕鐵而不是重鐵，相信並非單純基於財務考慮，而是低估了（或應說未能預見）該地區日後的急速發展和人口擴張，並假設主要為了解決區內連接交通的需求而已。一般來說，要去疏導一個地區的內部及跨小區之間的交通，若客量不是很大，使用輕鐵（地上輕軌機動車）的確較具成本效益，且不會佔用過多土地空間，因此至今天，輕鐵仍是一些大城市改善交通的集體運輸系統選項之一。隨着屯門、元朗及其後天水圍新市鎮迅速發展，及未來西部大型的地區和房屋發展，新界西北部人口預料增長持續，乃香港發展其中的一個重點區域。輕鐵 1988 年通車時有 6 條路線及 70 輛車，初年每天乘客量平均約 15 萬人次，到 2016 年增至 12 條路線和 49 萬人次，成為元朗及屯門區的重要路面軌道交通工具，並且接駁西鐵線。

現時輕鐵系統的可載客量由多個因素決定，包括網絡的覆蓋範圍、車輛數目、車廂佈局和設計、班次、單卡和雙卡車輛的調派、車站設計等。由於輕鐵於路面行駛，採用開放式設計，須與其他道路使用者共用部分路面，故此共用路段的交匯處交通會影響輕鐵車輛可行駛的數目。因容量及班次所限而面對日漸擠迫、供不應求之勢，曾有人主張把輕鐵廢掉，改建重鐵線代之，也有人建議把輕鐵改為「上天入地」，意即架空或轉入地下的網絡，使騰出地面道路空間予大巴等其他交通工具，又可不受路面限制而採用有較大容量的車卡及增加車輛，去應付不斷增長的需求。

先撇開財務成本效益，這些倡議在現實環境下均欠缺可行性。目前輕鐵覆蓋的地區均已發展成熟，沿線建築物林立，不可能在不影響此等建築物的結構下大幅改動輕鐵路或道路／行人路結構，且無論是建架空路軌或地底隧道，一樣影響這些建築結構，還要面對承托架空結構所需的路面空間、地質複雜性、地下設施狀況等各種迴避不了的工程技術問題，更遑論興建期間需長時間封閉所涉路段對地區交通帶來的打擊，真是說易行難。

不過，作為每天接載半百萬乘客人次的公交工具，絕對有維持的必要，姑不論輕鐵是否已成「雞肋」（食之無味，棄之可惜），我們仍

需保留及盡可能在既有限制下提升其容量，這才是務實之道。經與港鐵公司商討後，研究報告書除建議包括增購新車、重組部分輕鐵路線及調整繁忙路口交通燈號等短期措施外，更提出於 2018 年展開研究改善繁忙路口設計以期將部分輕鐵系統與馬路／行人路分隔、使縮短行車時間及加密班次的可行性。而長遠則是改善元朗大馬路段的運作模式，以減少人、車、輕鐵爭路的情況，以及研究興建新重鐵線連接新界西北及市區的可行，以與輕鐵及西鐵線並行，但這不再是過去地區上曾倡議的屯荃沿海鐵路。

至於**公共小巴**及**非專營巴士**方面，在維持其現有公共交通佔比之同時，我們致力改善其營運環境，研究報告內有詳述，細節在此不贅。

值得一提的是，自 1976 年起，登記公共小巴總數一直限定為 4,350 輛，並由立法規定，每五年檢討一次。2015 年專題檢討時，運輸及房屋局考慮到公共小巴服務供求大致平穩、經營成本上漲、聘請司機不易，故決定維持上限數目不變，並獲立法會於 2017 年 5 月通過把上限有效期延長至 2022 年 6 月。另一方面，多年來業界及議員一直爭取增加公共小巴的法定座位上限，由 16 個增至 20 個或更多，在 2012 年我剛上任便向我陳情。上一次由 14 座增至 16 座已是 1988

年即近三十年前的事，為何小巴加座位如此困難？皆因涉及交通業界內不同利益之間的競爭和營運生態的平衡，小巴加座位被看成衝着大巴和的士之利益而來，因而政府得謹慎處理。

我着局內及運輸署同事積極研究。我們發現每天繁忙時段在不少公共小巴站頭確實存在乘客候車時間過長的現象，若能增加座位數目，會有助緩解問題，為每天上學上班的乘客帶來好處，但當然不能單以繁忙時間的需求去斷定整體的供求情況，並須同時顧及各種公交服務之間的營運生態平衡。在綜合考慮後，我們決定作出三十年來的首次政策突破，把公共小巴（即專線小巴及紅巴）的座位上限增至 19 個，預計可在繁忙時段將在總站出現留後乘客的專線小巴路線數目由約七成大減至不足四成，而候車時間超過十分鐘的路線數目比例亦會大幅下降近八成。經過「摸底」後，這個增幅大抵上各方包括小巴業界都可以接受，不過立法會內仍有議員主張增加更多座位，最後在我們努力說明交通業界生態平衡的重要性下，有關法案終於在 2017 年 6 月我落任前夕通過。

電車自 1904 年起在港島北岸行走，有百年以上歷史，已成為香港的一個城市標誌，目前班次頻密而票價廉宜，且無廢氣排放，其短途輔助性交通功能受到肯定。我們支持香港電車公司推出現代化

設施，提升服務質素，並決定以公帑配對資助它加快更換電車路軌工程。

　　渡輪方面，主要涉及船隊老化、服務需要提升及營運可持續性的問題。目前港內線渡輪發揮輔助作用，提供過海鐵路及路面服務以外的公共交通選擇。雖然有議員及地區人士主張加開新的港內線，甚或開辦維多利亞港兩岸的水上的士穿梭服務（water taxi），但是我們研判，從公共交通角度考慮，以現時過海地鐵及隧巴的便捷性，較難有足夠的經常性客量去支持此種新增服務，而且港內航道頗為繁忙，不過當時政府的相關政策仍是開放的，若有營辦者或投資者有意推出新航線，包括水上的士，運輸署會積極考慮其提出的方案。

　　港外線渡輪則不同，基本上為離島居民提供不可或缺的對外交通，而這角色定位會維持。在我任內，政府已確定因各離島人口不多，乘客量實不足以使有關渡輪航線的營運達到財務可行性（長洲線或除外），若大幅增加票價則帶來居民負擔過大。因此，我們同意實行針對性的補助政策，為六條主要離島渡輪航線 [1] 先後推出兩次三年

1　　即（1）中環—長洲；（2）來往坪洲、梅窩、芝麻灣及長洲的「橫水渡」；（3）中
　　環—梅窩；（4）中環—坪洲；（5）中環—榕樹灣；及（6）中環—索罟灣等航線。

期的「特別協助措施」，包括向營運者提供碼頭保養及租金稅費豁免等，以減低其經營成本，從而紓緩票價壓力。

同時，運輸及房屋局也積極研究一些長遠可行方案，大抵上有兩大方向：（1）把現行協助模式恆常化及優化，除了向營運者發還船隻維修保養開支外，為鼓勵它們引入新船或優化既有船隻的設施和配備，可發還一半相關資本投資的折舊開支，並且延長營運牌照期至七年或以上，以加強作長期投資的誘因；或（2）由政府投資持有現代化而環保的船隊，但把日常營運外判予私人營辦商。兩個選項各有利弊。前者維持政府一貫的公共交通服務應由私營機構按商業原則經營的政策，以期確保成本效益及營運效率，由政府「把關」票價調整，但需依靠營運者的積極性和投資策略；後者則由政府主動負責船隊的更新，營運者只負責日常管理和運作，而視乎具體的外判安排，營運者可向政府收取管理費、或靠向乘客收費以抵消經營性開支及獲取合理利潤。不同的安排涉及不同的誘因結構，但最終來說必須避免像紅磡過海隧道般出現一旦政府「上身」便在政治上（包括議會內）難以調整票價的後果。

此外，我們亦向立法會表示，在 2019 年上半年就現有六條主要離島渡輪航線的長遠營運模式作出決定時，會一併考慮應否把補助擴

展至另外八條其他離島航線。[2] 碼頭老舊或設備落後，長期為乘客所詬病，為讓乘客有較佳的候船環境，我們決定爭取資源去改善現有渡輪碼頭，包括外觀和設備；而發展局亦推行一項計劃，分階段提升多個位於偏遠郊外地方之公共碼頭的結構和設施標準。

個人點對點交通服務，特別是的士營運及改革問題，近年廣受關注，又涉及 Uber 網約車所帶來的衝擊，利益問題複雜，我在下章交代。

總而言之，《公共交通策略研究》背後的政策目標是公共交通優先，乘客有多元選擇，以減少出行者對私家車的依賴。

---

2   即（1）香港仔—長洲；（2）香港仔—榕樹灣（經北角村）；（3）香港仔—索罟灣（經模達）；（4）屯門—東涌—沙螺灣—大澳；（5）愉景灣—中環；（6）愉景灣—梅窩；（7）馬灣—中環；及（8）馬灣—荃灣等航線。

參考閱讀

1. 運輸及房屋局，《公共交通策略研究》報告書，2017 年 6 月。

2. 運輸署，《第三次整體運輸研究：研究報告》，1999 年。

3. 運輸及房屋局，《鐵路發展策略 2014》，2014 年 9 月。

第 三 章

的士服務改革及 Uber 帶來的挑戰

　　的士（taxi）乃「個人化點對點交通服務」（personalised point-to-point transport service），為公共交通之一環，目前全港共有 18,163 輛，包括 15,250 輛市區紅色的士、2,838 輛新界綠色的士及 75 輛大嶼山藍色的士，是個人化點對點交通服務的主體。另一類是「出租汽車服務」（hire car service），但不歸入公共交通，目前法例訂明私家出租汽車服務（包括本地及跨境）許可證上限為 1,500 張，截至 2017 年 4 月共批出約 650 張，即尚可按需要多批出約 850 張。

　　的士和出租汽車兩者皆屬「載客取酬」，必須從政府取得牌證，即的士牌照、出租汽車許可證，才可經營，依法規管，否則屬於非法，即所謂「白牌車」。的士須按錶（meter）收費，但亦容許以「包車」形式向顧客提供服務，費用可由雙方議定。出租車的車費則不受規管，一般而言較的士為高。

的士營運的問題

　　長期以來，政府透過競投批出的士牌照，屬永久性質及私產。目前的士牌照由多達約九千個牌主持有，約七成半只持有一個牌照，約 5% 持有五個或以上，而持有十個或以上的少於 2%，當中有個別為大戶，持有以百計的士牌照。由於擁有權分散，車主難以集中管

理質素。除了不同的士（即市區紅色的士、新界綠色的士及大嶼山藍色的士）的營運範圍及收費受到政府監管外，的士牌照並無任何直接與服務質素有關連的附帶條款，不須定期續牌，因而難以藉牌照規定去確保司機的服務態度和表現，也對車主缺乏懲處手段，除非是違法拒載、濫收車資等行為。過去每次考慮調整的士收費時均向業界再三強調服務水平的重要性，但由於牌主多而分散，改善力度始終未如期望。

自 1997 年以來，政府未有再批出新的士牌照，直至上屆政府任上，因大嶼山的士供不應求而決定初步增發 25 個牌照。坊間有認為政府長期不發新牌，乃導致的士牌價炒賣日高，[1] 更有批評一些車主只志在「炒牌」圖利，不理服務；而車主群體則常以牌價下跌、衝擊業界利益為由，去反對政府增發新牌或其他對的士經營具影響的舉措。作為局長，我的取態是：從政策言，政府會否增發新牌乃視乎供求情況，而牌價有上有落屬市場生態，政府不會保證只上不下，亦不會投鼠忌器為保牌價而不發新牌，正如政府不會為保樓價水平而妄顧社會需要不肯增加房屋供應一樣。不過，若發新牌，政府得考慮應否仍延

1　　近年市區的士牌價高峰曾見 700 萬元，現回落至 600 萬元左右。

續過去的競投永久牌照的方式，還是應像巴士專營權及渡輪營運般，只批出有指定年期的經營權或牌照。

的士服務表現近年屢遭投訴，2016 年共約 10,350 宗，佔涉及公共交通個案總數約 46%，當中以拒載為多，也存在專「劏」遊客的「黑的」，雖然警方已加強執法，又採取「放蛇」行動，但是一般的乘客舉報往往因沒有第三者在場、缺乏足夠舉證而難於起訴入罪。況且，司機態度和禮貌不屬於執法範圍。業內人士聲稱犯規者只屬少數害群之馬，這點我不完全排除，因個人多年來乘坐的士所遇到的司機一般甚有禮貌，鮮有遇上拒載，但是不少市民的遭遇卻較為負面。目前的士牌照下的規管和執法皆有其局限，且車主與「租車」之司機並無僱傭關係，的確不利於改善管理和服務。部分業界曾聯手推動自強，但往往有心而乏力，皆因體制問題。因此，要推動的士服務改革，政府責無旁貸，應扮演主導角色，但需克服一些業界既得利益的頑強抗拒。

Uber 帶來的衝擊：有危有機

　　Uber（「優步」）於 2014 年進軍香港，逐步吸引了不少追求靈活方便、亦厭倦的士服務因循保守及不時於繁忙時間拒載的市民的歡迎，當中很多是較年輕乘客及已曾在外地使用網約車服務者。的士業界開始感受到 Uber 對其帶來的衝擊和威脅，遂不斷向政府施壓，要求執法取締此實為「載客取酬」的未領牌服務，他們的不滿與其他城市如巴黎、倫敦的同行相若，不難理解。與此同時，Uber 也發動攻勢向政府施壓，要求接受其所謂「共乘」服務模式，包括於 2015 年 8 月在網上發起連署，要求我作為負責運輸政策的局長與其會面，又透過一些嚮往新科技的議員進行游說，但是因為警方已展開依法跟進對 Uber 的投訴，我決定不作他們所願的高調會晤，免陷入其公關圈套，認為這樣做只會做成政策訊息混亂，徒增加的士行業不必要的懷疑及憤怒，無助於解決問題。

　　我對「共乘」概念不存偏見，若能減少路上車輛，應屬好事。問題的癥結不在於香港應否引入「網約車」，因為這看來已漸成趨勢，而在於 Uber 以己為主的傲慢（arrogance），只求人家配合自己的市場擴張和逐利。當時我看過 *Financial Times*（《金融時報》）一全版專題，報道 Uber 現象及剖析各地政府的反應（多為負面），當中評論

Uber 進軍各地市場時採取的策略可用其非官方口號（unofficial motto）去形容："easier to ask for forgiveness than permission"（取得寬恕比拿到批准容易），並靠動員用家去游說政客及抗衡規管機構。[2] 我曾就此在 2015 年 10 月於菲律賓宿霧出席 APEC（亞太經合組織）交通部長級會議期間，在與 CEO 非正式會晤的早餐會上向有份參加的 Uber 區域主管提出質疑，問在他們眼中是否不存在任何政府規管的份兒？

Uber 一直標榜只屬網絡平台，並非直接營運載客服務，強調與其安排的出租私家車沒有僱傭關係，而由於乘客以電子支付 Uber，故載客的私家車司機可聲稱沒有從乘客手中取酬而不用領牌，其實雙方目的只有一個，就是逃避規管。若容許這樣下去，豈不是等於鼓勵全民皆可走「白牌車」？Uber 所說的所謂不介意「受規管」，也只是要求政府當局接受按照其營運模式而發給許可而已。有些議員及評論員指責政府買怕擁有大量的士牌照的既得利益集團而不肯承認 Uber 模式，這當然不是事實，但我感到詫異的倒是，為何他們去維護一個擁有達 700 億美元估值的全球跨國企業集團的市場獵奪（predatory）行為時，卻又可對其龐大的既得利益視而不見、顧左右而言它，把新科技等同道德高地呢？這是否雙重標準？

2　"Uber: Backseat driver", *Financial Times*, 26 September 2015.

決定推出小量新型「專營的士」

在面對網約車服務的新挑戰及傳統的士行業守舊因循、且規管體制不足的雙重壓力下，我認為已到了採取果斷行動的臨界點，政府不能缺乏作為，反應把握機會，因勢利導，既要改革的士服務、進一步開放出租汽車服務，也要同時積極回應社會上對網約車服務的需求。經與局內相關同事和運輸署初步商討後，我拍板局方於 2014 年 8 月 20 日發表回應聲明，重申無論以任何方式（包括手機程式）安排私家車載客取酬，必須領有許可證及有效的第三者保險，否則屬於違法，並同時表示會檢視的士服務和出租汽車的安排。

多番深入討論後，我們認同有需要引入網約車服務，但並非如 Uber 所願，照單全收其迴避規管的模式，而是推出新一類型具有網約特色而收費可稍高的專門的士，最初名為「優質的士」（premium taxi），乃參考民航 premium economy class（特別經濟倉）的叫法，但被的士業界批評欲把一般的士降為次等，遂更名「專營的士」（franchised taxi），以反映我們所建議透過批出專營權去營運的性質。初步意向於 2015 年 11 月提出，再於 2016 年 6 月向立法會交通事務委員會簡介較詳細的初步構思，然後於 2017 年 3 月提交最後建議方案，要點如下：

- 先行試驗計劃，推出 600 輛專營的士，相等於現時全港 18,000 多輛的士數目的 3% 左右，故應不會對的士行業產生太大的衝擊，減少業界顧慮。

- 透過公平公開招標，批出三個專營權，為期五年，一間公司不會獲批超過一個專營權，不屬永久發牌，屆滿後不能自動續期，須重新競投。

- 每個專營權的車隊為 200 輛，以利營運覆蓋面廣並有助集中管理質素。競投者須就技術（包括服務）和財務（即專營權費用）兩大範疇提交建議，以前者為首要考慮。若其後營運商未能達到專營權下規定的服務水平和標準，政府可予處罰，嚴重者提早收回專營權。

- 對專營的士的經營和服務質素有明確要求，包括網約特色、車隊至少一半可供輪椅上落，並向司機提供加強職業保障的僱傭關係。

- 專營的士的整體收費水平較現時的士高約三成半至五成，使維持個人化點對點交通內一定的市場分工，客路分流。

我決定引進小量專營的士，既不是去取代現時之的士，也不是幼稚到以為有了幾百輛專營的士後，的士行業存在長久的一些問題便可於短期內順利解決，因為為數 18,000 多輛現有的士仍是個人化點對點交通的主體，而專營的士是提供乘客多一個選擇，特別是網約車方面。因此政府仍須採取主動，與業界團體緊密合作，去全面推動一

般的士服務在現有的士牌照制度下的改善與提升，不能只任由業界鬆散地去自強。故此我們同時提出改組並擴大運輸署下過去主要推行宣傳及獎勵工作的優質的士服務督導委員會，除業界外加入學會、消費者委員會、競爭事務委員會，以至乘客關注組織及勞工團體等代表，作為合力推動改革的火車頭；又同意由政府撥出公帑去資助的士司機的培訓。我們並須檢討如何加強執法。可以說，我們的策略是雙管齊下，既引進網約車服務以回應網絡時代新冒起的乘客需求，也同時改革現有的士服務，以取回廣大乘客對它的信心。

社會上一般是支持專營的士之議的，有在海外或是本地使用過 Uber 或其他網約車服務的市民，更期望盡早把網約車服務規範化、普及化。我認為一旦專營的士得以落實，乘客便可有新選擇，而網約平台如 Uber 或其他公司也有機會競投專營權，提供不同選擇及競爭，連本地的現有交通服務營運商也可以，而且其營運經驗在投標考慮時可獲加分數。的士服務營運商當然也可以參與公平競投，但前提是政府不會回購其的士牌照作交換新發專營的士之專營權費。而 Uber 若要入場就要接受專營權規管，並承認其從事「載客取酬」的交通業務及須向司機提供穩定的僱傭關係，這樣的規管框架可減少發生像 Uber 在一些外國般因向司機保障不足而產生的種種摩擦矛盾，致最終波及消費者利益。

　　我認為專營的士方案是在維持既有的士服務下的兩全其美方案，亦予新興網約車服務一個發展空間和合理的規管。但是，部分的士業界反應強烈，認為會分薄他們的生意，危害其生存利益。很坦白地說，Uber 的挑戰加上傳統的士行業的一些惡習及害群之馬的行為，這幾年的確已導致部分（但仍不見得是大部分）客流之流失，已不能挽回，而他們會是未來專營的士的潛在乘客來源。此勢不可逆轉，失去的不再屬於自己。的士業界能夠做的是不進一步流失客源，這便要靠其自強的意志及能否齊心努力配合政府的改革方向。他們當中一些人仍以為只要向議員和政黨不斷施壓，便能阻擋洪流，令政府知難而退，我向局方及運輸署同事表明，一定要頂住行業內反改革的壓力。的確，要推出專營的士，必須立法，而若大多數立法會議員怕得罪業界既得利益，[3] 則可令立法無期，就像阻止政府提出調高與交通擠塞有關罪行的定額罰款額一樣。2017 年 4 月 21 日立法會交通事務委員會會議上，交通運輸界功能組別易志明議員便提出無法律約束力之「擱置」專營的士的動議，獲僅僅通過（7 票支持、5 票反對、1 票棄權），但同一會議上也同時通過四項其他動議，基本上並無否定專營的士，但就要求作出各種配套措施及改善。

3　曾有建制派議員代表的團體本來傾向支持「專營的士」建議，但該議員可能因感受部分業界壓力，而在 2016 年 6 月立法會上批評政府為他們「添煩添亂」。

　　我於任內與局方和運輸署同事多次商討，認為若不及時改革的士服務和制度，則個人化點對點交通服務便不能與時俱進，落後於其他城市，令行業不振、市民不滿，也讓不願受真正規管的網絡平台可繼續站在道德高地去挑戰合理的規管體制。因此，我要求同時研究應變方案（Plan B），假若立法會最後缺乏勇氣去支持改革方案，則政府不應排除使用其他途徑去落實改革，包括透過不需立法的「出租汽車」許可證制度下的配額運用，回應乘客大眾的訴求，不能夠退讓而不作為。

參考閱讀

1. 運輸及房屋局，《公共交通策略研究》報告書，2017 年 6 月，第八章：「個人化點對點公共交通服務」。

2. 運輸及房屋局提交立法會交通事務委員會討論文件「《公共交通策略研究》《角色定位檢視》－個人化點對點交通服務」，CB(4)666/16-17(05)，2017 年 3 月 17 日。

3. 公共交通投訴數字，見交通諮詢委員會交通投訴組工作年報，該組網站，tcu.gov.hk。

第四章 ——

港鐵的前世今生：
港人之傲？眾矢之的？

　　2007 年地鐵與九鐵「合併」，成為現在的港鐵，香港鐵路系統邁進新里程碑、新高峰，其企業實力大增，綜合服務水平處於國際前列，其運作和業務模式廣受推許，且積極進軍內地和海外鐵路營運，推廣香港經驗及軟實力，港人應以它為傲。可是，過去幾年，由於票價調整機制爭議及高鐵工程延誤超支，使港鐵備受社會各方批評，政治上更成為跨黨派眾矢之的，跟政府的關係呈現張力，甚至被人形容為三座「大山」之一。[1] 要去明瞭箇中變化，得從半世紀前地鐵的建造開始。

地鐵／港鐵模式及其成功之處

　　港英殖民地管理體制下，一般公用事業包括公共交通，如巴士、電車、渡輪，以至初期接駁港島半山的纜車，皆由私人企業獲政府批出專營權或長期牌照方式經營，政府以專營權／發牌條款去規管其服務和票價收費等，其後過海隧道以至專線公共小巴，仍大抵上沿用此發牌經營途徑，有異於不少其他大城市的市營管理模式。例外者有二，一是供水，因水塘由政府興建，而後期內地東江水輸港乃香港與

1　三座「大山」即需予征服的難題或矛盾焦點，另兩座「大山」分別是領匯／領展
　　（詳見房屋篇另書講述）及強制性公積金與僱員長期服務金「對沖」之爭。

內地政府之間的安排；二是鐵路，九鐵最初正式名稱為九廣鐵路英段（Kowloon-Canton Railway British Section），於 1910 年啟用，原本由英國財團以私人工程名義興建，後該財團退出與清廷的協議，港府唯有由官方接辦，並成立屬政府編制的鐵路局（Railway Department）去營運。

上世紀七十年代初，建基於 1967 年進行的 Mass Transport Study（集體運輸研究），港英政府決定按顧問建議先興建地下鐵路初期系統（Initial System，即早期的觀塘線），並於 1973 年批准一日本財團以封頂價負責工程建造，可是財團於一年後退出，當時政府在並無選擇下，於 1975 年立法成立香港地下鐵路公司（Hong Kong Mass Transit Railway Corporation, MTRC），由政府全資控制但「獨立於政府」，按照審慎商業原則去建造、管理和營運整個地鐵系統，並享有票價自主權和可依法例制定附例（By-laws），可說是法定權力和私人企業之混合，是為港式官企（statutory corporation）之始。

同是七十年代，港英政府經顧問建議，於 1979 年決定把九鐵現代化，更換至雙軌系統，及以電動列車取代蒸汽火車，是為電氣化計劃（electrification），並完全參照地鐵公司模式，於 1982 年 12 月通過立法成立九廣鐵路公司（Kowloon Canton Railway Corporation,

KCRC），原有的鐵路局解散，其公務員員工加入新的九鐵公司。政府與兩間鐵路公司的法定關係，大致相同，不過九鐵公司的法定自主權限較為具體訂定，且政府的指示權似稍大，例如若政府要求地鐵公司行事違反審慎商業原則，須予全面補償（fully compensated），但對九鐵則只須給予合理補償（reasonable compensation）。

　　兩鐵業務分工是：地鐵公司負責地下鐵路的興建與營運，而隨着香港市區和拓展市區範圍不斷擴大，而且在交通繁忙及建築物密集地區較宜於地下發展集體運輸，故地鐵網絡擴展迅速；九鐵公司則負責地上鐵路，主要是新界東的重鐵（今天「東鐵」線）及其後發展的新界西北輕鐵和新界西的重鐵（「西鐵」線）。兩鐵之間不存在真正競爭，而且兩個網絡缺乏整合（integration），最明顯例子是乘客離開地鐵九龍塘站轉乘九鐵，須先付費出閘再付費入閘進入九鐵系統，反之亦然。儘管兩鐵營運模式相若，不過九鐵自「公司化」以來的服務表現和營運效率卻常被看成比不上地鐵，部分原因可能是它並非由零開始，而是承繼了先前作為一個政府部門（鐵路局）跟商營企業並不完全相配的人事和機構文化，而且其早期主要業務（即東鐵線）源自舊有鐵路，故縱是電氣化，但也日漸追不上新界東部新市鎮發展所帶來的大量乘客量需求。

　　香港地鐵是世界上少有營運有道、盈利穩定（成立早年借貸投資負擔高息除外）、不靠政府補貼的城市地鐵系統。究其原因，除了長期以來地鐵公司董事局和管理層抱有視野、經營進取，而地鐵屬新生事物能吸引市場人才等內在因素外，更存在香港的城市地理環境，以及政府政策兩大外在因素。香港人口稠密，多集中於市區和拓展市區的可發展土地，新界人口大增乃近年公共交通擴充配合房地產發展才出現。由於出行人口流量大，保證了客源及地鐵的高使用率，使地鐵的票務收益穩定增長。

　　不過，更重要的還是政府的政策定位，使地鐵立於近乎不敗之地。首先，政府重視地鐵的集體運輸作用，在地鐵沿線一般盡量避免與專營巴士路線直接重疊，這樣就不會發生客源流失，而且地鐵實行票務自主，票價結構按車程長短釐定，[2] 收回營運成本，無需補貼。同時，地鐵興建新鐵路，實際上由政府去承擔投資風險，因為若是政府從交通運輸規劃決定有必要進行某項目，雖然地鐵便要去做，但在

2　　地鐵公司以前一直反對設立月票，但九鐵公司則曾設「東鐵全月通」和「西鐵全月通」。兩鐵合併之後，保留這兩種月票，後改稱「屯門—南昌全月通」和「上水—尖東全月通」；2009 年和 2012 年再推出「屯門—紅磡」及「東涌—香港」全月通。

法例保護下，政府須補償其按審慎商業原則所蒙受的任何損失。如新項目的投資回報率低於地鐵認為合理的水平，其融資缺口（funding gap）須由政府撥公帑填補。

一直以來，政府採取物業融資（property financing）的做法，即給予地鐵在車站上蓋享有優先發展權，不作公開競投，儘管仍要補地價，但以鐵路發展前（on "Greenfield-No Railway Basis"）（即相關土地尚未因而溢價）的市值估算，無形中地鐵公司可盡取鐵路發展前後的差價利益，以填補投資的資金缺口，其唯一風險是，由與政府達成補地價後至新鐵路落成及推展上蓋發展的多年期間，房地產市場可能出現的向下調整。地鐵因而有重大誘因做好上蓋物業的發展（包括住宅及商業物業）及其與鐵路之整合（integration），藉其發展策略進一步吸引乘客流量，又藉車站位置交通便捷去促銷其物業項目，真正做到相得益彰，若適逢房地產好景，則利潤更豐，這也是上世紀七十年代以來直至九七回歸的情況，回歸後發生亞洲金融風暴，雖曾見房地產受挫，但其後自 2009 年起樓市持續向上，這樣就確保了地鐵及其後港鐵公司的盈利性，成為其成功所賴的「鐵路＋物業」（Railway ＋ Property, R ＋ P）模式，並為海外及內地所稱許和嘗試仿傚。事實上，港鐵公司今天的經常性非車務收益（包括物業管理和車站、商場的零售收益）的重要性不亞於、有時甚至超越其車務（即客運業務）

收益，若再加上非經常性的物業發展收益，則車務對港鐵公司總利潤的貢獻佔比變得有限，[3] 令一些投資分析員視港鐵為實質上的地產股。

港鐵服務，位國際前列

無疑，港鐵的安全、服務水準及準時率均位居全球各大城市之前列，其車程準時度（reliability rate）近年更長踞 99.9% 或以上，為其他國家及內地城市所羨慕。以平均每天八千總班次、約 480 萬乘客人次的本地鐵路系統而言，在繁忙時段間中發生訊號故障或服務延誤，有時實在難免，令乘客感到不便，而遇上港鐵管理層及員工解釋不周、溝通不足，自然引起不滿及怨氣，故我任局長時經常提醒公司重視與乘客的溝通。當然，也曾經出現過連續一兩個星期接連發生故障、或電纜失靈等較嚴重事故，需要切實檢討是否存在系統性或結構性的風險漏洞，不過也不應過分地（out of proportion）動輒以偏概全，把港鐵的整體服務水平和質素肆意貶低。2016 年港鐵列車服務延誤達 8 分鐘或以上而須向運輸署提交報告者，全年只有 220 多宗，即平均每天少於 1 宗，而全年達 31 分鐘或以上較嚴重的延誤則少至 18 宗。

3　　至 2017 年 12 月 31 日之年度，港鐵公司年內利潤為 168.85 億元，香港客運業務的利潤貢獻為 16.56 億元。

　　只要市民肯去實事求是，並與其他同樣繁忙的大城市作客觀比較，便應珍惜香港鐵路服務得來不易的高效和安全。可是我們本地一些政客和媒體卻但求譁眾，經常「唱衰」港鐵，曾有媒體因港鐵某一年的準時率由 99.94% 微跌至 99.91%，便狠批它「服務倒退」，這種苛責態度對港鐵上上下下的員工公道嗎？新加坡與香港經常互相比較，潛在競爭，新加坡覺得其在很多方面的發展均超越香港，唯獨在鐵路管理上他們的交通部部長曾於 2016 年 10 月公開表示要以港鐵的表現為基準（benchmark），因其地鐵系統 MRT（Mass Rail Transit）近年服務故障頻率增加，2017 年更出現多宗嚴重延誤和維修事故，包括 10 月因水浸導致北南線停止服務超過 20 小時、11 月東西線發生列車碰撞多人受傷，驅使當局要縮短一些車站的服務時間，並且於 12 月有兩整天停止服務以進行全面檢查。

　　港鐵公司向來重視鐵路資產管理及列車的維修保養，包括每晚車務停止後的例行檢查，近年在政府鼓勵下加大在更新訊號系統及更換列車等鐵路資產的資金投放，增加維修保養的支出，務求提升車務效率和安全。鑑於海外鐵路系統間有發生嚴重意外事故，如列車出軌、撞車以至恐襲等，港鐵公司管理層近年又主動於事後盡快了解情況、分析事故因由以吸取經驗教訓，並及早向董事局報告，作為公司風險意識工作的一部分。

　　列車擁擠，是這幾年做成乘客不滿的一個原因。昔日地鐵列車設計的安全容量標準是每平方米站立六個人，那時乘客比較願意走入車廂中間，但是今天卻不一樣，多聚於車門附近，且因人人看智能手機成風而做成空間收窄，導致實質上每平方米站立四個人已構成擁擠了，而這也已被港鐵採納為服務上的容量標準。早年地鐵基於當時的客流量估算，一些車站月台的設計長度比較保守，致今時今日，就算為了紓緩客流欲增加每班的列車數目，也因月台所限而難以成事。而且，舊有訊號系統在既定安全標準下，亦不容許進一步縮短列車開行的間距時間使能加密班次。現在港鐵正全面更換和提升其網絡的訊號系統，按今天的科技可做到每分鐘一班列車仍合乎安全。

　　不過月台擴建則很困難，就算車站的地形結構不做成工程上的障礙，但要把車站（尤其是大站）封閉一段長時間去進行月台擴建和相關工程，其對乘客服務的影響將會極大。在一些其他城市，車站若需要大規模擴建或改建，便停止服務多月甚至一兩年之久，容許列車「跳站」，這在香港的水土恐怕不易被接受而實行。在日本，為了迎接2020年奧運，現時整個東京市的地鐵站都在擴充和改建，當中不同車站的變動規模不一，但工程中車站內改道及封閉部分地方四處可見，做成乘客很多不便，但他們看來都願意接受短期不便去換取將來更方便更寬闊的車站空間。

　　繁忙時間列車車廂擁擠，不單單是香港獨有的問題，各大城市皆是（包括倫敦、紐約、東京、首爾、上海、北京、台北等），沒有一個鐵路系統可以避免，關鍵在於能否進一步擴充鐵路網絡，以及做好車站和月台的人流管制及疏導，減少列車離站時因有乘客妨礙車門關上而耽誤時間，這些方面其實港鐵已做得不錯。在繁忙時間，不能上到首、二班列車雖然常見，但是以兩至三鐘一班（如港島線及荃灣線）的加班頻率而言，就算是等至第三、四班車才可擠上車，在等候時間上仍應可接受。整體上，乘坐港鐵的人的確多了不少，不單本港市民，也有海外特別是來自內地的遊客，加起來總數每天近 500 萬人次，致很多鐵路線在非繁忙時間也見比以前擁擠，慢慢構成香港這城市容量極限（capacity constraint）之一寫照，值得政府關注。將來新的沙田至中環（過海）線（沙中線）2021 年全線通車（其中大圍至紅磡段預計將先於 2019 年開通），及未來十年在《鐵路發展策略 2014》規劃下的各個新鐵路項目相繼落成後，情況有望改善。

地鐵上市及兩鐵合併帶來的企業變化

　　經歷了上世紀八十年代還息還貸的財政壓力後，地鐵公司自九十年代起利潤持續增長。九七回歸後遇上亞洲金融風暴，時任特區政府急欲扭轉財赤，遂向出售公共資產（divestment）打主意，首先着眼

於地鐵公司，因其賬目漂亮，為投資市場所歡迎。2000 年通過修例讓地鐵資產負債轉移至有限公司之後於 10 月上市，維持原來的操作模式（as is），以吸引投資者；初步售出約 23.9% 股份，原本打算會進一步出售以使政府最終只持有 51% 多數股份，但其後因種種考慮未有落實。地鐵上市後不夠一年已被選為恒生指數成份股，可見其資本實力和交易量已為市場所肯定。

地鐵上市後得到更大的發展空間，相映之下，當時的九鐵卻似死氣沉沉，且受困於一些事件做成的社會爭議（如 2001－02 年西門子事件），[4] 那時社會上有聲音主張透過兩鐵合併去整合兩個鐵路網絡，也藉此使九鐵變相上市，釋放其資產的潛在價值。2002 年 6 月政府宣佈展開研究兩鐵合併的可行性，同時把兩鐵均積極爭取競投的沙中線項目給予九鐵。2004 年政府決定進行兩鐵合併，並請兩者正式商討合併安排，提交建議。在此不詳述當時情況，有興趣者，可閱讀 Rikkie Yeung（楊區麗潔）的相關專書。[5]

4　事件涉及德國西門子公司以極低價投得西鐵項目通訊工程，但其後向九鐵公司提出追加費用 1 億多元，九鐵管理層為求工程不延誤而同意此要求，卻未有及時通報董事局，做成政治風波。

5　Rikkie Yeung, *Moving Millions: The Commercial Success and Political Controversies of Hong Kong's Railways,* Hong Kong: Hong Kong University Press, 2008.

就合併事宜，兩間公司無論在董事局或管理層均存在不同的利益取向，他們關心兩鐵合併後以誰為尊，九鐵管理和前線人員擔心實際上為地鐵所接管。2006 年 3 月發生了九鐵署理行政總裁率同其他管理高層公開挑戰時任董事局主席的事變，輿論稱為「九鐵兵變」（mutiny）。事件促使曾蔭權政府加速兩鐵合併步伐，在九鐵內部不穩、並無他途下，唯有透過地鐵主導以達成合併，並由時任地鐵主席和行政總裁分別出任新的香港鐵路有限公司（「港鐵」，英文名稱仍是 Hong Kong Mass Transit Railway Corporation Limited）的主席和行政總裁，基本體制以地鐵結構和運作模式為本，原九鐵資產仍由政府藉全資擁有的九鐵公司持有，但長期租予港鐵去營運管理，收取服務經營權費用（concession fee）。兩鐵合併法例於 2007 年 6 月當屆政府任滿前經立法會通過。

兩鐵合併後，新的港鐵公司獲得更大的企業實力，繼而進軍內地及海外。今天，港鐵在內地城市北京、深圳、杭州等，以及英國倫敦、澳洲悉尼和墨爾本、瑞典斯德哥爾摩等地，均有經營鐵路以及其他商業性業務，口碑很好，到今天海外業務的僱員人數與本港的不相伯仲。我認為港鐵走出香港，打造跨國企業品牌，港人應引以為傲。在局長任內，因應議會內擔心港鐵只重海外發展而忽視本土服務，我除提醒公司勿忘其本港根基外，亦促使董事局制定公司分別在內地

港鐵路線圖

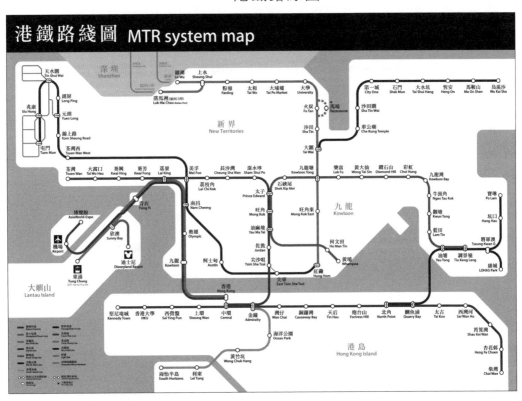

圖片來源：港鐵網站

和外國的投資額不能超過公司佔股東總權益的指定上限 —— 分別為 15% 及 5%。2016 年，港鐵公司成立學院，專門為本港及區域內培養鐵路營運和管理人才，相信可進一步擴大港鐵在國際上的軟實力。

地鐵上市及兩鐵合併，客觀上把一間壟斷全港鐵路網絡的建設和營運、而且享有票價自動調整機制及車站上蓋物業優先發展權的企業，因屬上市公司而不再受政府控制。名義上，政府和廣大納稅人取得了投資收益，上市公司受證券及期貨事務監察委員會（證監會）監督，其業務表現受市場監督，若港鐵運作持續良好、盈利穩定，作為佔 76%－77% 股份的公司大股東，政府亦繼續受惠於股息收入，可以是 best of both worlds（兩全其美）。實情卻是，政府對港鐵的影響已今不如前，而港鐵的企業文化亦見逐漸改變，比較多跟一般上市的私人企業去類比。

社會上有意見以為政府既是大股東，又能委任董事局主席及政府董事，包括運輸及房屋局局長、以個人身份出任之財經事務及庫務局局長、運輸署署長，以及高鐵延誤事件後加入的常任秘書長（工務），並可左右非執行董事的遴選（實由董事局下遴選委員會推薦而非政府委任），理應可以主導港鐵公司。可是，由於港鐵屬上市公司，按上市規則，大股東的利益不能凌駕小股東的利益。遇到政府作為委託者

與港鐵之間有相關的業務利益，例如在高鐵和沙中線等委託項目中，政府作為業主與港鐵作為受委託作項目管理人時有利益分歧以至衝突，在董事局討論有關事項時，政府董事得須避席。所有董事（包括政府董事）在公司條例下均須遵守信託責任（fiduciary duty），以公司的整體及長遠利益為依歸。政府董事其實處於一個兩面不討好的位置，可是倘若政府撤走所有政府董事，則港鐵公司只會更與政府割離。

　　儘管存在上述約束，我任局長時曾向立法會承諾，政府會切實履行其大股東的權責，確保港鐵不偏離其最初設立的「公共目的」（public purpose）。在 2014 年發生高鐵工程嚴重延誤超支後，政府一方面實事求是地與公司新領導層尋求辦法解決問題，另一方面也順勢推動董事局改革公司的管治，在董事局轄下成立工程委員會（Capital Works Committee）和風險委員會（Risk Committee），加強對重大工程項目的監督，提升公司對營運風險和社會風險的意識；並對管理層作出改組，加強對工程成本控制及企業傳訊的重視。此外，又促進非執行董事的有序更替，確立一般情況下任期不超過三屆共九年。

　　港鐵董事局和管理層固然重視政府作為交通運輸決策者和大股東的角色，跟政府的關係大抵上仍是有商有量，不過上市後無可避免

地須關注投資市場對公司的評價，其股價上落和盈利狀況往往是作為上市公司備受考驗的業績指標。而且，佔港鐵約 24% 的所謂「小股東」，主要是機構投資者，他們是利潤掛帥，對港鐵管理層的牽制愈來愈大。在此情況下，港鐵公司要同步履行其公共責任和向小股束的責任時，自然面對更大的張力，其跟政府的關係也如是。

票價調整機制

地鐵 2000 年上市時，立法會議員最關注的是票價問題，政府堅持保留地鐵公司票價自主權，但已有政黨提出由行政會議或立法會把關，或與通脹掛鈎封頂等建議，雖不獲得通過，卻清楚可見票價政治主宰議會。至 2007 年兩鐵合併時，政府提出其中兩個核心目標是：（1）訂立客觀而高透明度的票價調整機制，及（2）減低票價和（兩鐵系統之間之）轉乘票價。最後為了取得地鐵董事局和小股東放棄票價自主權，政府接受一個純由方程式直接驅動（formula direct-driven）的「票價調整機制」（Fare Adjustment Mechanism, FAM）（如下），並正式寫入新的港鐵公司與政府簽定的《營運協議》當中，對雙方均具法律約束力，非經雙方同意不能修改。從此種下港鐵和政府在票價政治上的所謂「原罪」。

整體票價調整幅度＝（0.5 x 綜合消費物價指數變動*）
＋（0.5×運輸業名義工資指數變動*）－（生產力因素）。
〔*以之前一年12月數字為準〕

　　當時來說，港鐵贏得的是確保票價調整「方程式化」、去政治化。其實在票價自主權下，過去的地鐵也不是年年加價，其董事局也會視乎盈利狀況和社會氣氛作出酌情決定；現在，有了硬性方程式後，在工資和物價有所增長下，港鐵縱使賺大錢仍是加價有據有理，因而後來令到社會輿論轉向，紛紛指責港鐵只會向錢看。時任政府方面，取消了票價自主權表面上似有所交代，可是換到的卻是完全「失控」的方程式直接驅動機制，失去酌情餘地，港鐵實際上更完全自主，依協議不能不加價，何其諷刺啊！儘管當時政府聲稱新機制為「可加可減」機制，但所謂「減」只會在經濟停滯衰退時才會發生，故一般有經濟增長時市民只會看到「加」、「加」，相比之下專營巴士票價也不是年年都加，因而議會和市民大眾的怨氣漸大，而對港鐵按機制年年加價不滿的不單是基層市民，一些中產和商界人士也曾向我進言，提出質疑。票價問題的爭議遂凌駕了港鐵整體上的良好服務表現，何其可惜！

　　2012年中我出任局長時，適逢是時候展開為2013年首次按《營

運協議》進行五年一次的 FAM 檢討的準備，先是做公眾諮詢，所得反應是一面倒認為港鐵票價不應年年只加不減，應該與其利潤或通脹掛鈎。10 月起我們啟動跟港鐵的商討，分兩個層次，在工作層次由局方副秘書長級與公司的總監級進行資料分析和初步方案交流，在指導及拍板層次則由局長、常任秘書長與公司主席、行政總裁對接。港鐵董事局討論公司的談判策略時，政府董事均須避席，由管理層定期向其匯報與政府商討的進展。

港鐵表明無意改動 FAM 的直接驅動方程式，既有其公司利益考慮，也因為任何改變均須公司股東大會通過，政府雖為大股東但屬於利益關聯方而不能參與會議或投票，遂形成由小股東實即機構投資者把持大局，而他們應不肯支持任何導致其經濟利益受損的舉措。在不去改動 FAM 方程式下，雙方便着力於探討如何透過其他輔助措施去把任何實質車費增加予以減輕及封頂，目標有二：一是擴大票價調整機制的考慮範圍，以包括港鐵的盈利狀況及服務表現，以及市民的負擔能力；二是減輕居住於較偏遠地區的中長途乘客的票價負擔。在檢討過程中，我們致力在各種考慮和需要之間取得適當平衡，包括廣大市民的訴求、公共利益、港鐵公司作為上市公司應有的財政穩健和持續性，以及港鐵應有的企業社會責任。

　　我非常重視是次檢討，因為整個議會和社會都在看究竟政府在新的港鐵企業生態前會否陷於無能為力、究竟港鐵如何看待其跟政府的關係及其公共責任。我與局內同事反覆商量政府應堅持的目標和立場底線，在盡力爭取和港鐵達致共識之同時，我也作好若不幸破局的預案準備。經過雙方努力及多番爭持，最後在 2013 年 3 月底達成初步協議，分別獲港鐵董事局及行政會議通過後，於 4 月 16 日公佈結果，6 月生效。

　　如上述，原有的票價調整機制是一個直接驅動的方程式，採用運輸業名義工資指數及綜合消費物價指數的逐年變動，並扣除生產力因素。新的票價調整機制在保留此方程式之同時作出補充性改良，引進客觀、透明和以數據為本的方法去計算下一個五年期適用的「生產力因素」，主要根據公司客運業務的輸出量（即收入）與投入量（即成本）的比率去計算，令既有的 0.1 百分點增加至 0.6 百分點，每年方程式下的票價調整幅度因而可減少 0.5 個百分點。2013 年按原方程式計算出來的加幅＋ 3.2%，遂降低至＋ 2.7%。修訂生產力因素把每年票價加幅基數明顯降低，且具有複式累積效應，對紓減加幅起了實在的作用。

　　同時，亦引入三項因素，以填補單靠方程式調整票價的不足：

（1）**加幅封頂**：無論日後直接驅動方程式的計算結果如何，該年的票價加幅均不會高於全港「家庭每月收入中位數」的按年變動，以照顧市民的負擔能力。少收的加幅，日後當家庭每月收入中位數高於當年運算結果時才分兩年追收，但無論如何，不會超過「家庭每月收入中位數」的變動。

（2）**利潤分享**：為回應市民就港鐵盈利的關注，港鐵會根據公司每年基本業務利潤表現，按一預設的利潤等級表撥款，用作提供有期限的票價優惠，與市民分享港鐵的經營成果，同時減輕票價加幅對市民構成的負擔；但是須納入分享機制的利潤上限定為 130 億元。基本業務利潤是指港鐵所有業務的利潤，包括物業發展及海外業務利潤。只要達至指定的年度利潤水平，港鐵便要入賬，而出賬則與加價及加幅掛鈎，有加價的一年，滾存在賬戶的金額便會以優惠方式回饋乘客，但金額以當年加價收益的一半為限。有餘款的話，金額會繼續滾存留待下一年使用，港鐵不能收回。

（3）**延誤罰款**：設立服務表現罰款制度，名為「服務表現安排」，當列車服務延誤達 31 分鐘或以上而非屬於超出港鐵公司所能控制之範圍，便按延誤時間長短加以罰款，每宗事故的最高罰款可達 1,500 萬元。我們以 31 分鐘或以上而非一些議員鼓吹以 8 分鐘起計罰款，是以不影響港鐵前線員工士氣及鐵路安全為大前提。

由「分享盈利」和「服務表現罰款」所得的款項，皆放入一個「票價優惠賬戶」，以即日第二程車費九折優惠形式回饋乘客。此外，為照顧經常乘搭港鐵的中長途乘客的需要及負擔能力，我們要求港鐵增設月票及長途優惠。經商討後，港鐵同意全面提升月票及相關優惠，推出一系列新票種，包括增設「港鐵都會優惠票」、「東涌－南昌全月通加強版」及既有「全月通」票的加強版，使惠及不同鐵路線包括市區線的乘客，同時提供轉線車程優惠。各項車票優惠由約七折至九五折不等。

是次 FAM 檢討後帶來的補充安排，雖非最好的結果（best deal），但實質上也惠及廣大市民尤其是中長途乘客，乃在現實上不能改變方程式下的重要突破，縱使部分議員批評為小恩小惠，但這些恩惠加起來仍相當實在。不過，我們也不一廂情願、以為票價政治從此淡化，預期議會上仍會繼續不時炒作 FAM 議題，迫使政府與港鐵改行跟通脹掛鈎及由行政會議或立法會審批的機制。果然，由於高鐵延誤超支及 2014、2015 年多次出現服務故障事故引發的爭議驅動下，港鐵在政治上成為眾矢之的，FAM 原罪又再被翻出來，要求檢討 FAM 的跨黨派壓力日增，特別是踏入 2016 年立法會選舉年。我認為與其糾纏下去，不如提早啟動原定 2018 年才進行的五年一次的定期檢討，並爭取在 2017 年中政府換屆前完成，以有所交代。我於是向港鐵董事局提出，並得其同意。

我們於 2016 年 5 月至 8 月展開公眾諮詢，之後與港鐵進行商討，反覆考慮多個改善方案，盡量在不改動方程式的前提下，更切實地回應社會對票價、港鐵公司利潤及市民負擔能力等問題的關注。2017 年 3 月雙方達成共識，公佈新增的改良安排：

（1）雖然原有的直接驅動方程式中，生產力因素的新設定值按過去幾年的數據計算會變為「零」，但應政府要求，港鐵公司同意額外將任何方程式得出的加幅調低 0.6 個百分點，以確保所有乘客仍然能夠受惠於與原來的生產力因素設定值一致的票價下調。

（2）雙方同意保留現時安排，每年票價加幅不得高於同期（即前一年的 12 月）的家庭每月收入中位數的變動，以照顧市民的負擔能力。

（3）應政府要求，港鐵公司承諾未來六年，每年至少六個月將票價下調 3%，以取代當時的「即日第二程九折優惠」，所有使用「八達通」儲值卡的乘客的每一車程，包括月票用戶的接駁車程，均享有新的「每程九七折」優惠，每日達 470 萬乘客人次受惠。為此，港鐵公司同意增加「分享利潤機制」下的款額，將現時預設等級表中每一級利潤分享金額增加 2,500 萬元，並將納入機制的利潤上限由當時的

130 億元提升至 150 億元，同時取消回贈金額不高於當年 FAM 加價為港鐵帶來的額外收入之一半的上限；以及調高按「服務表現安排」的服務事故最高罰款額由 1,500 萬元至 2,500 萬元。如某一年上述這兩機制撥作票價優惠的款項不足以提供六個月的車費折扣，港鐵公司也會追加款項，確保在該年提供至少六個月的車費折扣。

此外，在 2017 年應用上述新修訂的票價調整機制時，港鐵公司同意就票價調整幅度作一次性打九折，以降低票價基線。而且，應政府要求，公司同意與所有專線小巴合作推行轉乘優惠，可獲每程 3 角折扣，來回即是 6 角。其後按公佈的綜合消費物價指數及運輸業名義工資指數的變動，2017－18 年度整體港鐵票價調整幅度計算出來為 1.49%，由於介乎 ±1.5% 之間，按照票價調整機制，將會轉撥至隨後一年的票價調整才一併計算，遂出現幾年來港鐵票價於 2017 年首度不作調整，而且乘客還受惠於不同的票價優惠，包括新的「每程九七折」優惠。

為照顧經常乘搭港鐵的中長途乘客的需要及負擔能力，港鐵公司繼續提供各項月票。全月通加強版除了提供接駁車程七五折外，2017 年加幅再九折，實即折上折。另外，因應市民的意見，延長市區都會票的有效期由三十日至四十日。受惠於月票、全月通加強版、都會

票及早晨折扣優惠等乘客每天達 52 萬人次，票價優惠因不同車程而異，介乎大約五七折至九折。

2009－2016 年港鐵票價調整幅度

年份	生效日期	整體票價調整幅度	備註
2009	不適用	不適用	按方程式運算，整體票價調整幅度為 +0.7%，調整幅度少於 ±1.5%，按票價調整機制的規定，凡調整幅度少於 ±1.5%，所須的調整不會於同年生效，而是會於下一年度生效。按此，該 +0.7% 調整幅度轉入 2010 年度的票價檢討中計算。
2010	6 月 13 日	+2.05%	當年按票價調整機制計算出票價調整的結果為 +1.35%。加上 2009 年度累積的 +0.7%，2010 年的整體票價調整幅度是 +2.05%。
2011	6 月 19 日	+2.2%	港鐵公司將 2011 年整體票價調整幅度由 +2.3% 修訂為 +2.2%。該票價調整幅度是因應政府統計處最新的 2009 / 10 年住戶開支統計調查結果及按此結果重訂 2010 年 12 月的按年綜合消費物價指數的變動作出。
2012	6 月 17 日	+5.4%	
2013	6 月 30 日	+2.7%	由 2013 年起票價調整幅度按 2013 年 4 月公佈的票價調整機制檢討結果計算。
2014	6 月 29 日	+3.6%	
2015	6 月 21 日	+4.3%	
2016	尚待港鐵公司公佈	+2.65%	港鐵公司將 2016 年港鐵整體票價調整幅度由 +2.7% 修訂為 +2.65%。該票價調整幅度是因應政府統計處最近的 2014 / 15 年住戶開支統計調查結果及按此結果重訂 2015 年 12 月的按年綜合消費物價指數的變動作出。

運輸及房屋局：《檢討港鐵票價調整機制：公眾諮詢文件》（2016 年 5 月），附件 4。

港鐵的未來

前地鐵和九鐵由政府所成立，資產及早期注資來自政府。在鐵路興建上由政府承擔投資風險及融資缺口，並給予車站上蓋物業發展權；而且政府須「補償」任何因應其要求之行事違反審慎商業原則所做成的損失。政府的「鐵路為骨幹」的運輸政策效果確保鐵路為主要集體運輸工具，在鐵路沿線免受到其他主要公交工具的直接重疊；無論是之前的票價自主權或後來的票價按方程式自動調整機制，皆予港鐵有別於其他公交營運商更大的票務收入保障。上述背景和安排注定了港鐵的盈利性（profitability），故不能簡單地視之為一般的商業機構。無疑，港鐵已成為上市公司，公私持有權混合，做成身份定位上某種「兩棲」特色，但是其「公共目的」的本質應該不變，不能動輒跟一般私人企業和上市公司相提並論。港鐵公司有今天的實力，離不開政府的支持和各種政策上（包括土地方面）的配合，其小股東（包括機構投資者）也受惠於此特色。

港鐵既已成為全港鐵路網絡的營運壟斷者，就要好好發揮其對公共交通的承擔，不能只強調盈利。政府也要好好監督港鐵的表現，不應只看成為庫房帶來股息收入的投資工具。由於港鐵已屬上市公司，我認為政府應檢討「R+P」模式下給予港鐵車站上蓋優先發展權的傳

統做法，以保障公帑利益。理論上政府可以回購港鐵，把它再度完全公有化，但這需動用龐大的公帑，也會做成管理層不穩；除非港鐵失控、走向異化，否則不應考慮。當然反之也不應再把政府的股份持有量減低。在目前公私共持之上市公司基礎上，如何持續政府與港鐵之間的緊密互動、目標互為配合，以達致共贏，服務社會所需，將是雙方需共同面對的挑戰。我在局長任內，一直提醒自己及同事，要確保港鐵不會「異化」。

世界公共政策潮流，可謂「十年河東，十年河西」。例如，英國經歷了上世紀八十年代戴卓爾夫人的私有化政策後，新自由主義曾當道多年，左翼思潮一蹶不振，可是私有化後一些公用事業（如鐵路）不見得營運表現和服務效率持續盡如人意，且有肥了營運投資者和管理高層之嫌，消費者近年漸多不滿。於是社會上「回購」（Buyback）、「再國有化」（Re-nationalisation）之聲此起彼落。據《金融時報》報道，有 76% 民意支持政府回購已私有化了的鐵路，[6] 在野工黨更把「再國有化」列入其政綱；至 2018 年 5 月中，政府宣佈「再國有化」東岸鐵路服務。這對香港也是一種政治警號啊！

6　"Buying back the family silver"，*Financial Times*, 27 February 2018.

參考閱讀

1. Rikkie Yeung, *Moving Millions: The Commercial Success and Political Controversies of Hong Kong's Railways,* Hong Kong University Press, 2008.

2. 立法會個別政策事宜資料庫【交通】：「兩鐵合併」，立法會網站，legco. gov.hk。

3. 立法會秘書處，「有關《兩鐵合併條例草案》的背景資料摘要」，CB(1)2031/05-06，2006 年 7 月 3 日。

4. 環境運輸及工務局提交立法會《兩鐵合併條例草案》委員會文件「票價調整機制及減價建議」，CB(1)195/06-07(01)，2006 年 10 月 31 日。

5. 環境運輸及工務局提交立法會《兩鐵合併條例草案》委員會文件「綜合《營運協議》」，CB(1)520/06-07(01)，2006 年 12 月 15 日。

6. 運輸及房屋局，《檢討港鐵票價調整機制：公眾諮詢文件》，2016 年 5 月。

7. 立法會秘書處，「有關香港鐵路有限公司票價調整機制及港鐵票價調整的最新背景資料簡介」，2017 年 4 月 12 日。

8. 運輸及房屋局提交立法會參考資料摘要「香港鐵路有限公司票價調整機制檢討結果」，2017 年 3 月。

第 五 章 ——

道路使用、擠塞和泊車問題

環顧世界各大城市，無不面對道路不足以應付車輛日益增多、導致交通擠塞的苦況，儼然已成為城市病（urban epidemic）之一。解決交通擠塞問題，一是增建道路，但受制於環境所限，而且會產生供應驅動需求（supply inducing demand）的效應，根本不可能追上需求；一是採取需求管理的策略，遏抑汽車主要是私家車的增長，善用有限的道路資源，並鼓勵市民盡量乘坐載客效率較高的公共交通工具，當然大前提是致力擴大公共交通之容量。近年多了外國城市重視發展公交特別是地鐵輕鐵等，並有採取道路收費去限制私家車的使用和增加。新加坡更加上實施汽車配額的辦法，多個中國內地城市（如北京、上海、天津、杭州、廣州、深圳）也實行汽車「上牌」數量限制措施，俗稱「限牌令」。

香港人口密集，城市客貨運輸有賴覆蓋面廣而流通高效的道路系統，故若不處理好交通擠塞問題，我們在環境和生活質素、經濟競爭力及持續發展等方面均會落後。上屆政府決意制定紓緩道路交通擠塞的整體策略方案，我們一方面在運輸及房屋局內展開討論，另一方面請交通諮詢委員會（交諮會）進行專題研究。交諮會於 2014 年 12 月向我提交研究報告，建議一系列全港性短中長期的可行措施。報告當時已公開發表，我在此不詳述其內容細節。

道路交通擠塞研究

　　值得重視的是，報告開宗明義指出，由於地理環境的約制，以及公眾對景觀和運輸基建以至築路期間對交通影響的爭議日多，香港進一步增建道路的空間有限，已到了一個臨界點。截至 2020 年，道路的總長度按年增長率估計下跌至 0.4% 左右，遠低於車輛約 3.4% 的平均年增長率，因此可預見道路擠塞將日益嚴重，除非及早採取應對措施。在 2003－2013 年約十年間，車輛增加達三成，市區平均行車速度由每小時 25.6 公里減至 22.7 公里，下跌達 11%；部分主要道路（如港島德輔道西）在平日早上繁忙時間更慢至每小時 10 公里或以下，即僅比一般成人的步速約每小時 4－5 公里較快。

　　這就是香港面對道路交通擠塞情況的基本盤。從運輸學之理性言，應既改善交通基建及同步嚴格控制道路的合理使用，並透過強制措施及收費去調整和遏抑需求。故任何反對限制私家車增長、反對重組巴士路線、反對道路運輸基建工程、反對增加交通違例罰款，且反過來要求不斷增加私家車泊位的意見，姑勿論如何為部分人的利益去請命，皆屬狹隘短視之見，不敢面對「不便」之大局，不肯承受較徹底解決問題而無法迴避之痛。奈何政治的現實卻往往助長短視行為，故政府只好不斷地在矛盾及妥協之中去尋求平衡，就算是寸進，也要

爭取。若不作為，欲所謂維持現狀，則只會令情況持續惡化，因為假設現時車輛平均年增率不變的話，我們估計市區的平均行車速度將於十年後再減慢約 15%，而車輛所產生的溫室氣體量則會增加超過20%；若能把車輛年增率大大遏抑至 1.5%，但這屬於非常、非常樂觀的目標，則上述的行車速度減幅和溫室氣體增量有望減半。

交諮會建議短中期三管齊下：（1）管理私家車數目，包括提高私家車首次登記稅和牌照年費、收緊對環保私家車的稅務寬免，以及提高柴油私家車的燃料徵費；（2）善用有限的路面空間，包括增加咪錶車位（parking meters）的收費，以及在經常塞車地區推行交通擠塞收費計劃（即電子道路收費，electronic road pricing）；（3）加強交通違例執法及加重罰款，包括按通脹調高二十多年來從未調整的與交通擠塞有關違例事項的定額罰款。長期措施則包括檢討泊車位政策、鼓勵市區商戶於繁忙時間以外才在路旁上落貨物，以及增建泊車轉乘公交（park and ride）的設施。交諮會曾考慮實施在一些海外城市已推行的如車輛配額制度等強制性措施，但認為因相對嚴厲會引發很大爭議，故在現階段不建議採用，但若政府採取了其他建議的措施後交通情況繼續惡化，便需考慮。

我認為交諮會的研究中肯到位，建議合理，故公開表示政府原則上接納，並在落實時注意因時制宜，充分考慮社情民意及持份者意見。2015 年 5 月，我們向立法會交通事務委員會交代政府的跟進工作，記得當時發言的議員均認同解決道路擠塞問題急不容緩，有議員提出增設泊車位，亦有要求政府加強交通違例執法。就交諮會的各項建議，不少議員對提高私家車首次登記稅和牌照年費有所保留，認為「買車（有車）無罪」，但大抵上支持調高交通違例罰款，同意擁有私家車與駕車行為及非法停泊做成交通擠塞，的確屬於兩碼子事。我聽後以為議員們可有商有量，遂先易後難，首先提出修例去按通脹幅度提高交通違例（包括與交通擠塞相關者）的定額罰款，以為他們應可支持，豈料臨門時議員不論黨派卻又民粹作祟，齊表反對，聲稱政府一日不大量提供泊車位，便一日不能增加罰款，其政治邏輯至此，又怎能期望政府能有所作為去處理日益嚴重的道路擠塞問題呢？

環保私家車的稅務優惠方面，過去環保私家車，包括環保汽油車及零排放的電動車，享有首次登記稅寬減，主要基於環保角度考慮，以減少廢氣排放，但是若從交通角度看，它與一般汽車無異，同樣佔用路面空間，同樣會做成交通擠塞，而事實上，不少購置環保私家車的車主，本身多已擁有一輛可能不屬於環保的私家車，故稅務優惠的存在實際上鼓勵了一些車主多購一輛或以上的環保汽車，包括電動汽

車，間接（無意地）導致汽車數量進一步增長。2017 年初政府取消對環保汽油車的首次登記稅寬減，又把原先豁免電動車輛首次登記稅（至 2017 年 3 月底）的安排收緊，改為只寬減至某一車價水平，看似逆環保理念及推廣無排放之電動車輛的目標而行，即時受到綠色團體批評，但是放在道路交通大局去看，這實在是平衡不同政策目標所需的兩難之舉，就此當時環境局和運輸及房屋局之間曾幾經掙扎。

有論者進言，為何不實行以豁免首次登記稅作誘因，去驅使現時汽油車車主以「一換一」方式改換電動車？其好處是不會做成車輛總數大增，又可鼓勵環保。但關鍵是目前電動車價格偏高，充電設施未夠普及，而電動車的車能在本地地勢環境下也似有所掣肘，故期望短期內會有大量普羅車主因稅務誘因而換車或許過分樂觀，但我認同值得探討。[1] 我認為，政府推動電動車輛，政策上優先考慮如何促進公共交通轉用電動巴士、小巴和的士。但問題如一，就是在車價、車能及日常開支上能否得出一個可行的營業模式（business model）來，否則縱有政府稅務優惠甚至一次過的補助也不一定成事。現時環境局負責

---

[1] 2018 年 2 月財政司司長在財政預算案演辭中宣佈，向電動私家車車主提供「一換一」計劃，現有合資格車主購買新電動私家車並銷毀其合條件的舊車，可獲較高的首次登記稅寬減額，上限為 25 萬元。

的綠色運輸試驗基金也撥款資助專營巴士公司試驗電能和混能的巴士車種，以及其他業界試驗電動小巴和的士，一旦確定技術成效，便可進一步推廣。[2]

巴士專線及巴士路線重組

此外，道路使用以公共交通為優先的政策也要維持，以充分發揮公交的便捷性。現時一些繁忙路段已實施全日或指定時段巴士專線安排，有其成效。有政黨進一步倡議擴展為「公交專線」，即除巴士外，公共小巴和的士也可行走。我認為這個建議值得探討，但當然要細心評估對專營巴士在繁忙時間行車速度和班次的影響，畢竟它是主要的路面集體載客工具，否則無助於疏導龐大的客流。

運輸署自 2010 年以來按照公開的「巴士路線發展計劃中有關改善及減少服務的指引」，不時因應實際狀況進行專營巴士路線增減或重組，至上屆政府，考慮到市區活動頻繁，導致嚴重的環境和交通問

2　近期歐洲一些個別城市擬禁止重污染的柴油車入城，會否有成效及能否長久維持，有待觀察。不過，這樣大刀闊斧的環保舉措，以目前香港社會的民粹政治而言，恐怕難以推行。

題，因此在恆常的年度計劃外，再引入區域性的巴士路線重組計劃，以更有針對性地紓緩部分道路交通擠塞及減少路邊廢氣。

大抵上，個別路線如果在繁忙時段最繁忙的半小時內的載客率達100%及在該一小時內的載客率達85%，或在非繁忙時段內的最繁忙一小時的載客率達60%，運輸署便會考慮增加車輛行走，以提高服務水平；調配從其他重組項目減省下來的車輛會獲優先考慮。若單以增加班次不足以應付需求，及沒有可行的替代服務，會考慮開設新巴士線，而接駁鐵路或在鐵路範圍以外提供服務的新巴士服務路線將獲優先考慮。審批新設巴士服務時，運輸署會考慮該等服務對主要道路交通情況的影響，並會盡量避免開設長途巴士路線，或行走繁忙地區例如旺角、尖沙咀、中環、灣仔和銅鑼灣等的巴士路線。

與此同時，運輸署致力透過各項刪減巴士服務和重組巴士路線等措施，以減少行走繁忙幹道的巴士架次和停站次數。如因新增的巴士路線或加強巴士服務而無可避免地須引入巴士途經繁忙幹道，巴士服務營辦商必須等量減少途經該地區其他路線的巴士架次，以免令該等繁忙幹道的交通和環境狀況惡化。如個別路線在繁忙時段最繁忙半小時內的平均載客率低於85%，或在非繁忙時段內的平均載客率低於30%，運輸署會考慮減少有關路線的巴士數目。對使用率低而又未能

提高其使用率的個別班次的路線，即該路線的班次在繁忙時段已維持在 15 分鐘，而非繁忙時段已維持在 30 分鐘，但其在最繁忙一小時內的載客率仍低於 50% 者，運輸署會在諮詢有關的巴士營辦商後，考慮建議取消該等路線或將該等路線與其他路線合併。

儘管從疏導道路交通、減少一些繁忙幹道尤其是市區道路擠塞的策略層次考慮，巴士路線重組絕對有其必要，但是每一受影響的社區皆表反對，致推行起來引發不少地區政治爭議，也因需與區議會妥協而時打折扣。

電子道路收費

「電子道路收費計劃」屬於道路擠塞徵費（congestion charges），而非一般性的道路收費（road tolls）。本來，香港早於上世紀八十年代初便曾率先提出電子道路收費的概念，但是由於車主及汽車代理商普遍反對收費，又有人擔心行車資料被政府掌握、侵犯私隱，故計劃胎死腹中。其後新加坡於九十年代成為全球首個於商業中心區實施電子道路收費的城市，起了一定紓緩交通的作用，並克服了不少技術問題，樹立了典範。2000 年後，英國倫敦、瑞典斯德哥爾摩等城市相繼仿傚，終使電子道路收費作為疏導塞車熱點地區的有效方法漸成潮

流。香港在過去三十年差不多每十年都因有專家學者不時主張推出電子道路收費而驅使政府進行顧問研究，但每一次檢視均以社會接受條件尚未成熟、或一些技術問題未能完全解決而放棄或暫時按下告終。於是思考之先行者反過來變成實行的落後者，何其諷刺啊！

上屆政府上任後，我認為不能一再蹉跎，政府須展示決心。前屆政府就電子道路收費曾完成顧問研究，結論是可行，建議在港島中區試行，但時機是在中環—灣仔繞道工程完工、為前往中區以外地區的駕車者提供替代道路以繞過收費區之後。我接受這個判斷，但認為不應等到中環—灣仔繞道通車後（早期預計是 2017 年完工）才去作下一步部署。我責成運輸署及早了解已實行電子道路收費之海外城市的最新實施情況，參考及分析其經驗，無需再委託顧問而先自行制定在中區實施電子道路收費先導計劃的初步建議，列舉施行上的不同技術和收費地區及準則的選項，為社會「熱身」，聽取各界意見，然後才聘請顧問集中就落實先導計劃的具體安排細節作深入研究，為推出計劃作最後準備，跟着便是走行政會議拍板和立法的程序了，在時間表上盡可能配合中環—灣仔繞道工程的完工通車。

2014 年 9 月，立法會交通事務委員會組團去新加坡考察其交通管理，期間對當地實行電子道路收費以保持主要幹道交通暢順大加肯

定。我以為立法會議員今回應對電子道路收費另眼相看吧。我跟局內
和運輸署同事多番推敲，表示今次是最後一擊了，成敗視乎為政者的
決心和勇氣，以及議會的支持。外國經驗說明電子道路收費乃可行可
取的，我們不能再議而不決，若今次也說服不了社會去支持通過，就
應負責任地表明不再去考慮電子道路收費，不再自欺欺人了。所以我
就整項計劃的定位是，電子道路收費已不是「做不做」，而是「如何
做」（not whether, but how）的問題。將來亦要考慮一旦實施時，政
府的收益如何處理；由於電子道路收費目的不在於增加庫房收入，屬
於 revenue neutral（稅收中立），我的意見是應以此成立公共交通發
展基金，用以支持一些提升公交服務以至減輕有需要人士公交支出的
措施。

運輸及房屋局於 2015 年 12 月公佈《中環及其鄰近地區電子道路
收費先導計劃》建議，作三個月公眾諮詢。一如預期，社會上意見紛
紜，跟以往每次討論此議題時的反應相若，持保留或反對意見者的論
調依舊。

外國城市在引入電子道路收費時，不見得就拿到很大支持（甚至
在新加坡也曾有不少異議）。斯德哥爾摩市代表團訪港時與我會晤，
分享其經驗，道出微妙之處：在 2006 年試行電子道路收費之前，民

《中環及其鄰近地區電子道路收費先導計劃：公眾參與文件》

意調查顯示有八成反對或有保留，但實施試行計劃後，卻有七成多民意反對取消收費，乃因見到其對疏道繁忙地區交通的效果。這給我的啟示是，應堅持推出先導計劃，以成效去消弭懷疑、取得支持。令人失望的是，不少代議士在政府不願下決定時便常譏笑批評政府無心無力，但到政府終於肯打真軍時，卻又民粹抬頭，把交通擠塞問題簡單地歸咎於警方執法不力、泊車位不足、道路不夠等，予人「講就大義凜然，做就怕這怕哪」，怕得失駕車一族而不敢承擔責任。

我唸碩士時曾選修運輸經濟學，專研道路收費之利弊。運輸學上，道路收費（road tolls）乃屬「用者自付」原則下，把一總的界內界外（包括擠塞）成本透過收費「內化」到駕車者身上的理性方法，使能較有效益地運用有限且投資成本高的道路資源，此即分配效率（allocative efficiency）。不過，從交通暢通之角度看，若不設道路收費更能鼓勵駕車者多用某些通道，減少周邊道路擠塞及連帶的環境影響，促進人流物流及社會經濟活動，則從整體社會成本效益比較去考慮，不收費比收費較為可取。香港傳統上由政府以公帑興建的道路一般不設收費，只有少數基於投資成本高及交通流量影響之考慮而收費；至於橋隧通道則多為收費，尤其是由私營公司以 BOT（Build, Operate, Transfer，建造－營運－移轉）方式興建，並按有期限專營權營運以收回投資成本和合理回報者。在研究建造新的大型公共道路

基建時，一方面從財政角度重視投資回報，另一方面從運輸角度重視交通效益，兩者平衡下去決定應否向用者收費，若收費令駕車者紛紛繞路、不利用某些公路從而使其建路以疏導交通之原意失落，則不應斤斤計較但求回報而收費，因這屬於社會投資。有些政黨提出陸上隧道應取消收費以利交通，但需深入研究分析其對車流及周邊交通的實際影響，而非基於想當然的道理。

泊車位政策檢討

我出任局長後初步回應立法會和各區區議會就泊車位不足的訴求時，承諾會檢討泊車位標準和相關政策，但表示我會優先研究如何改善商用車輛（即所謂「搵食車」）的泊車位供應不足。近年非法停泊路邊的情況日甚，既加重執法負擔，更做成道路交通不必要的擠塞。

對泊車位的需求，大致可分兩大類：第一類是商用車輛，包括輕中重型貨車、旅遊車和非專營巴士如邨巴等；第二類是私家車。此外學童小巴也有其特別需要。長期以來泊車位的供應來自：私人發展項目和房委會項目依規劃標準須提供的泊車位；運輸署轄下的多層停車場；短期租約（short term tenancy, STT）的臨時停車場；及路旁泊車位，包括設有收費咪錶的和無咪錶的。2016 年各類泊車位的總數為

743,000，比 2006 年增加 9.5%，但相比下同期領牌車輛總增長 35% 至 746,000 輛，平均年增率達 3%，當中私家車為 3.8%，致整體泊車位與車輛的比例，由 1.32% 下降至 1.05%，並不計及專營巴士、小巴、的士、特別用途車輛及政府車輛。

但這只是一個總圖象，由於住宅項目提供的泊車位不用作外人停泊，而住戶駕車出外需找泊車位，實際上一輛私家車平均需要超過一個泊車位，因此供求比例較上述數字所顯示的為緊張；而且近年因建屋、基建工程及其他優先需要，政府要收回部分短期租約停車場甚至多層停車場另作其他發展，如中環美利道停車場重建為商業大廈，令公眾泊車位的供應進一步吃緊，要找新用地興建停車場實在並不容易，也往往難以作為政府分配有限用地的優先考慮。所以，關鍵仍在於切實控制私家車的增長。政府不可能被動地追趕私家車的增長而不斷增設泊車位和停車場，一則並非可行，二則只會刺激私家車進一步增加，因泊車方便。故此我們在策略上只會適量增加私家車泊車位，但期望市民出行時盡量使用公共交通，就算駕車也盡量 park and ride，在繁忙地區之附近泊車轉乘公交，並就此與港鐵、領展等機構合作，推動「泊車轉乘」計劃。

至於商用車輛，乃內部經濟活動如物流、旅遊所需，有生意才

會增多，故政府有必要優先照顧它們的泊車需要，特別是傳統上提供商用車輛泊車位的工業大廈因部分拆卸重建或改建已顯得較為短缺，加上新界部分棕地會被收回發展，又減少一些貨車和貨櫃車的泊車地方。這便是運輸及房屋局連同運輸署於 2017 年 5 月向立法會交通事務委員會提交有關泊車位政策說明的基本定位。

我們的改善方向是：（1）盡量增加路旁泊車點，並已於 2016 年展開了「增加路旁夜間商用車輛泊車位計劃」，利用一些路旁私家車位，劃為夜間貨車或旅遊巴士停泊，即作雙用泊位用途；又在一些新租及續租的短期租約停車場，指定須提供一定數量的貨車及旅巴泊車位。運輸署甚至曾考慮在一些經常非法泊車的熱點設置夜間泊車位，但因接近民居，往往無法克服地區上基於安全及保安理由的反對。（2）展開檢討各區商用車輛的泊車和上落貨需要，研究如何按需增加泊車設施，包括興建商用車輛多層停車場、在公眾休憩用地（public open spaces）地下空間提供泊車位，以及修訂《香港規劃標準與準則》的相關標準。我們也曾探討在夜間開放政府辦公大樓停車場予商用車輛「過夜」，以至利用政府／受資助學校內的泊車處予學童小巴夜間停泊，但需解決的管理及保安上的問題不少。

交諮會報告也提出改善空置泊車位的實時資訊發放，使減少駕車

者在附近道路兜圈以覓空置車位，做成額外不必要的交通擠塞。由於
部分停車場屬於私營，他們很多基於本身商業利益考慮而不願上載其
空置泊車位資料到政府公共資訊網站。我認為在「開放數據」的新年
代，此種企業行為實在短視，在拖推動「智慧城市」的後腳。若鼓勵
不成，可能需要考慮強制性以至立法的手段。

過海行車隧道分流

近年過海隧道交通日益擠塞，以灣仔至紅磡的海底隧道（俗稱
「紅隧」）為甚，其在港島那邊車龍之長，已波及鄰近道路系統的非過
海交通，做成連環塞車。三條過海隧道中，紅隧車流已超過其設計容
量四成多，而東區海底隧道（俗稱「東隧」）亦接近飽和，至於西區
海底隧道（俗稱「西隧」）雖然平均車流只佔其設計容量約六成，但
由於連接道路在繁忙時間非常擠塞，尤其是港島那邊，故起不了為其
他兩隧分流的作用，情況需待中環—灣仔繞道完工通車後才會好轉。
而且三隧收費不一，以紅隧最低，但它卻位處中心地帶，其連接道路
網絡比較完善，往往提供相對路程較短和較方便的過海路線，所耗燃
料費用亦較低，為駕車者所喜用，故擠塞最甚。前屆政府委聘顧問研
究，建議在西隧未能有助分流之前，先行使用價格槓桿效應，實行降
低東隧收費，同時提高紅隧收費（即所謂「東減紅加」方案），去收

窄此兩隧收費差距，從而誘使部分駕車者轉用東隧；至於價格差幅的界定，則以達至紅隧車龍不影響非過海的路面交通為目標，即需把繁忙時段的車龍縮減四成左右。

顧問報告提出幾個「東減紅加」的選項，我於 2012 年中接任局長後與局內和運輸署同事商討，雖然初步傾向採納「公交不變」的方向（即紅隧維持對公共交通工具的收費水平不作調高），但仍需聽取社會各界意見，並需進一步評估對九龍東和港島東的交通影響及地區上的反應，因東隧減費會刺激該兩區車流交通。同時，由於當時東隧仍由私營公司以專營權營運，若要其減費便須用公帑補貼公司損失，補貼額多少政府需與其商討，不排除談判需時，因東隧的實收隧道費低於按專營權條款計算可徵收之上限，屬於優惠收費（concessionary fare），故究竟以哪個收費水平去議定補貼乃一敏感課題。從維護公帑的角度，我的看法是當然以其實收的水平為基礎。

我們於 2013 年初公佈「東減紅加」的初步建議，交通業界和私家車車主在歡迎東隧減費之餘，卻又多不贊成紅隧加費，政黨及議員之間有受此民粹驅動而要求「東減紅不變」的，總之不支持加價就是。觀塘和東區兩區議會內也較多憂慮一旦東隧減費會加劇當區已漸見擠塞的道路交通，尤其是連接東隧者。這並非過慮，因為其後根據

運輸署進一步的車流數據分析，預計東隧比先前估計較快趨向飽和，而九龍東在未來幾年有多個房屋項目落成，又同時是房屋發展的重點地區之一，其長期交通量料持續上升，故單靠東隧去「分流」紅隧車流，並不實際。我也不低估跟東隧專營權營運商協商的複雜性，因該專營權將於 2016 年 8 月終結，而政府已決定不再續期或再批出專營權，若在僅餘下的一兩年內既要商討結束專營權的種種營運和資產交接問題，又要加上用公帑去補貼其減價的談判，會節外生枝。

還有，任何「東減紅加」的方案均須修例，立法會內雖支持「東減」者眾，但是我們評估多會輸打贏要地反對「紅加」，拖延法案通過，除非政府肯作大讓步，若屆時做成一個無法產生紓緩交通實效的局面出來，政府會被責輕率行事，那豈不是賠了夫人又折兵？事實上，後來當我們於 2016 年在立法會提出純粹處理東隧歸還政府的法律和技術安排的修例時，議員便乘勢提出東隧減費之議及修正案，幾經波折才能通過。

經過局內再三評估形勢，正反各有考慮，我最後拍板決定甘冒批評撤銷原來的「東減紅加」建議。2014 年 2 月我出來宣佈這決定，但表示政府會繼續處理好隧道分流以疏導過海交通擠塞情況，並會把西隧同時納入考慮之策略當中。我們的想法是這樣的，待東隧於 2016 年

歸屬政府，三隧之中有兩隧已由政府擁有，餘下西隧也將於 2023 年回歸政府，因而政府在理順三隧流量和價格差距方面可有較大的主導作用，而且中環──灣仔繞道按當時估計會於 2017 - 18 年落成通車，能大大疏導港島北岸之交通（包括西隧的連接道路），屆時西隧在其尚未飽和的設計容量下便可助分流其餘兩隧的過海車流，做就新的轉機。但是無論如何，紅隧收費都有調高的必要，否則不能根治問題。

2016 年中完成東隧回歸後，運輸署落實我在立法會動議修例時的公開承諾，旋即啟動有關車流量和收費的顧問研究，除三條過海隧道外，還涵蓋三條陸上隧道，即大老山隧道、獅子山隧道和尖山及沙田嶺隧道，因該三條陸隧與海隧在車流上存在一定的互為影響，故應一併檢討，目標是於 2017 - 18 年度向立法會交通事務委員會提交三隧分流的最新調整收費建議。

總結經驗，儘管人人皆知道路交通擠塞之苦，也知現實上不斷增建道路並不可行，一些綠色團體更吶喊要去限制私家車增長，但是當我們嘗試用各種方法去理順道路空間的使用，以公共交通優先，實行徵費罰款等措施去減少擠塞，及重組優化巴士路線時，卻往往得不到社會上及議會的支持甚或同情。反之，路不能塞、巴士線不能減、違泊罰款不能加、隧道收費只減不加、泊車位要區區增加……等，卻成

為民意代表樂於爭取的訴求。因此，要徹底解決道路擠塞問題，真是談何容易！

參考閱讀

1. 交通諮詢委員會，《香港道路交通擠塞研究報告》，2014 年 12 月。

2. 運輸及房屋局、運輸署，《中環及其鄰近地區電子道路收費先導計劃：公眾參與文件》，2015 年 12 月。

3. 運輸及房屋局提交立法會交通事務委員會討論文件「泊車位政策」，CB(4)1021/16-17(09)，2017 年 5 月。

4. 運輸及房屋局提交立法會交通事務委員會資料文件「過海隧道的交通流量分布」，2014 年 2 月。

5. 運輸及房屋局提交立法會交通事務委員會討論文件「三條過海隧道和三條連接九龍及沙田的陸上隧道交通流量合理分布研究初步評估」，CB(4)182/17-18(07)，2017 年 11 月 17 日。

6. 運輸及房屋局局長張炳良在立法會會議上就郭家麒議員提問的書面答覆，第 22 題「巴士路線重組」，2013 年 5 月 29 日。

7. 運輸署「巴士路線發展計劃中有關改善及減少服務的指引」，見署理運輸及房屋局局長邱誠武在立法會會議上就余若薇議員提問的書面答覆，第 13 題「專營巴士班次及路線」，附件一，2012 年 6 月 13 日。

第 六 章 ——

締造「易行」及「單車友善」環境

我小時候住在灣仔，小學和中學皆在當區就讀，加上幾十年前香港的公共交通沒有今天這麼四通八達，故慣於步行，由住處往來學校固然靠自己雙腳，週末假日由灣仔步行至中環大會堂圖書館借閱書籍或到銅鑼灣購物，用上四十五分鐘至一小時可謂等閒事。相信我的同代人很多都有類似的步行回憶。

2012 年上任局長後，經過與一些學者和關注團體的交流，我深信香港在促進公共交通、減少依賴私家車之同時，也應鼓勵市民以步行和單車作為接駁公交的「首程」及「尾程」（first mile, last mile）方式，這樣既環保又有益身體。不過，在以往長期偏重機動交通（mechanised transport）的城市規劃政策和行為下，現在要去突破過去，政府部門和社會上都需要有新思維，而改變不是一朝一夕的事，需持續努力，積少成多，尋求轉捩點（tipping point）。雖然一些綠色團體批評政府做得不夠，或落後於某些歐洲和亞洲城市，不過我認為，上屆政府已經突破傳統的政策框架，向前推進踏出重要一步，在政策定位上肯定了「易行」（walkability）和「單車友善」（bicycle friendly）為應有方向，但仍需在落實上多加把勁，並說服人們改變其出行模式。

香港：中國最「易行」城市，
City without Ground

　　2015 年 10 月我應邀出席在維也納舉行的 Walk 21 Conference（「全球 21 世紀促進步行」會議）及作專題發言，闡述香港的「易行」政策；會上我並支持翌年由香港透過 Civic Exchange（思匯研究所）主辦 2016 年 Walk 21 Conference。我在發言中指出：一個城市的出行是否具高度「流動性」（mobile），其定義應在於車輛能否在路上通行暢順、對周遭環境做成的負面影響有限，而行人又能在一個舒暢、便利和安全的環境下自由自在地行走。交通政策因此應包含「步行」元素，透過細心規劃及提供充足的行人設施，把步行結合於整體的出行系統之內。不過，實際上的「易行」或「便行」成效，仍決定於個別城市的地理環境、基建狀態及社會與經濟條件；亦即是說，需主觀政策意向與客觀條件相配合。

　　在香港，單靠步行當然無法通達所有地方，但可使用高效而便捷的公共交通系統。事實上，平均每天達九成的出行人次利用公交工具。此外，步行的人也不少，根據運輸署 2012 年完成的全港交通習慣調查（Travel Characteristics Survey），約三成香港居民在一個普通工作天作出至少一次單有步行的行程，而超過七成出行者藉步行

前往乘坐公交和下車後以步行前往其目的地，由此可見步行的普遍性。2014 年 8 月，基地設於紐約市的國際環保組織自然資源保護協會（Natural Resources Defense Council），在一份報告中指出，從步行的安全、舒適、方便和政府管理等角度去評估，當時香港乃全中國最「易行」的城市（"the most walkable" city of China），而排名第二、三的是深圳和上海；近這幾年內地城市都已在銳意改善其步行環境。2012 年出版的一本書 *Cities without Ground - A Hong Kong Guidebook*[1]，高度肯定香港的行人天橋、行人隧道和行人通道系統，令行人在一些地方不用走到路面也可通達目的點，例如在港島北岸，行人可主要利用連接性的行人天橋網絡跨越三公里之遠，約三個地鐵站的路程。「沒有地面」（without ground）不單就地理空間而言，也包含文化空間之意。

綜合性的高架行人道系統不但可以克服地理障礙，方便步行，更可讓行人尤其在香港夏天嚴熱多雨氣候下，免受日曬雨淋之苦。中環商業中心區的行人天橋系統和中環往來半山區的上坡行人自動電梯系統均屬舉世聞名。上屆政府剛上任便於 2012 年 8 月積極推廣「人人

1　Jonathan Solomon, Clara Wong and Adam Frampton, *Cities without Ground - A Hong Kong Guidebook,* ORO Editions, 2012.

暢道通行」的無障礙行人通道計劃，並策劃在一些依山坡民居密集的地區，加建上坡行人自動扶梯系統以連接交通交匯點，促進長者友善和無障礙出行的社區環境。我在局長任內亦要求運輸署和路政署，在通往主要公共交通交匯處和港鐵站的行人道上，加建上蓋以擋風避雨避曬，方便行人特別是長者轉乘公交。

如何善用有限的路面是一個長久以來的挑戰。自 2000 年起，運輸署在銅鑼灣、灣仔、中環、尖沙咀、旺角、佐敦、深水埗、赤柱、元朗和石湖墟等眾多地區，推展了超過八十個行人環境改善計劃，包括行人專用區和擴闊行人道等措施，頗受公眾歡迎，但在進一步推廣上卻見到愈來愈困難，一方面由於路面空間不足而不易平衡不同道路使用者的需要，另一方面也遇到社區上對於道路管理安排的不滿，例如有十多年歷史的旺角行人專用區，因引來商販和賣藝活動而做成聲浪及人群聚集，對附近民居帶來過分滋擾以至環境影響，導致投訴不斷，甚至出現多宗高空擲鏹水事件，最後在區議會要求下，於 2014 年 1 月起改為只於週末及公眾假期才開放予行人。

香港的社區特色是住商混合，因而路面一般十分繁忙，商舖擺賣延至行人道上、人車爭路、貨車上落貨活動頻仍等已成為我們城市街景的一部分，縱有其熱鬧之處，但也對促進「易行」構成不能忽視

的局限。路政署經過幾年顧問研究，於 2016 年底提出一個規模大、成本高及需分期超過八年興建、全長一公里的旺角地區高架行人道系統計劃，坊間稱為「超級天橋」方案，就是為了減少人車爭路及確保行人安全，並盡量減少工程對當區道路交通和周邊商舖活動做成的影響，但計劃芻議卻惹來地區上不少批評，有指工期過長，有指未能完全照顧對行人的方便，可見要平衡不同的用者需要和利益，的確比倡議「易行」的團體所想像的為複雜。另一事例是元朗市中心行人環境改善計劃，因專業學會對於區議會及路政署支持的方案設計持有異議而蹉跎很久。

推動「易行」：
理念、局限與挑戰

2016 年 11 月於香港舉行的 Walk 21 會議上，我再作大會主題發言、分享體會。我提出面前最大的政策挑戰在於，儘管我們應走多一步去推廣「易行城市」（walkable city），回應社會上對使用非機動交通的訴求，但我們不應一廂情願，致忽略了擴充公共交通系統，並使其更為通達和更具效率的必要。我在局長任內致力推動「公交＋」（Public Transport-plus）策略，即以公共交通為本、輔以易行及單車友善措施。如上文所說，城市的道路空間永遠不會足夠，汽車駕駛

者、騎單車者和行人經常處於爭用路面的狀態，而頻繁的道路交通，特別是在上下班、上下課的繁忙時段，往往令一些行人友善措施難以推進，因公交工具除了鐵路和地鐵外也依賴路面行走，起着十分重要的疏導人流作用，而公交乘客又往往不易接受交通改道及巴士服務路線調整以利行人的一些安排和道路使用計劃。

實情是市民的出行和乘車行為也有其慣性，平日步行時會要求障礙少、行得暢順舒適，但當其上下班乘公車趕時間時，卻又期望少塞車、行人過路燈不要過長及已習慣了的公車路線（尤其是能直達其辦公地點或家門者）不要改變。人們的行為慣性往往是政策改變或改革的一個障礙。一個顯例是上屆政府任內努力推動的「巴士路線重組計劃」，從環保和運輸效率的角度考慮，應盡量減少巴士路線重疊，並且透過合併路線和減少班次去處理載客率偏低的路線，才合乎道路資源有效運用的理性，但是現實上差不多所有社區和當區區議員都反對巴士路線重組，「可加但不能減」儼然成為他們的「政治理性」。若巴士和私家車都減不了的話，又哪能增加路面空間呢？再說，行人道改善措施特別是行人專用區計劃，往往觸及複雜的街道管理問題，為地區上相關政府部門帶來不少困擾和煩惱，且容易成為地區政治炒作以至區議會選舉的熱點議題。

　　年輕一代看來比較支持易行及單車友善措施，視為綠色出行之時尚，但在廣大市民和不少社區當中，一方面不滿道路日益擠塞，但另一方面反對巴士路線重組及針對道路擠塞的措施（如增加定額罰款、電子道路收費）的聲音卻此起彼落，各區區議員紛紛反過來爭取增加更多巴士線、增建私家車泊車位和停車場，以取悅其地區選民。有時候，為了疏導路面交通而提出一些改善方案，若涉及搬動巴士站而令乘客下車後回家需多步行五至七分鐘，也會遭到一些議員大加反對，這跟一些步行倡議者所鼓吹的「人人愛步行、步行益身心、街道文化好欣賞」的美景，成強烈對比。對不少人來說，畢竟行為戰勝理念，正所謂 "the spirit is willing but the flesh is weak"（精神上願意，但肉體上猶豫）。

　　因此，要真正有效推動「易行城市」，我們需要來一個全面的思維改變，這不單要求決策者和交通運輸專家走出以往過分傾斜於機動交通的出行策略思考，社會上一眾持份者包括一般市民也需擁抱新範式，否則仍會說易行難。我在 2016 年 Walk 21 香港會議上便提出這樣的挑戰："Are we willing to endure more congested trains and buses and to walk more so that we do not have to go for continuous expansion of the infrastructure?"（我們是否接受較擁擠的鐵路列車和巴士，並步行多些，去換取不用持續擴充基建呢？）

我知道這是不易回答的考題、不易作出的取捨。

《香港好‧易行》綱領

　　上屆政府肯定締造「行人友善」環境的必要，在上述矛盾和取捨當中前行，但是由於過去政府和社會上推動「易行」的力度不足、親汽車的文化根深柢固，因而深感舉步為艱。縱然如此，我認為我們已打開了政策思維改變的缺口，終於把推動「易行」正式放上公共政策的目標和議程上，並逐步引入一些措施，令交通政策的路徑開始慢慢調整，希望長遠能夠真的改變人們的出行習慣，帶來較大的影響。綜合前述，重要的政府舉措包括：（1）在主要公共交通交匯點興建高架行人道系統；（2）在依山坡民居密集地區，分批逐步興建上下坡的自動行人扶梯系統；（3）根據 2012 年宣佈的「人人暢道通行」計劃，大舉興建無障礙行人通道，包括升降機塔接駁公交交匯處和港鐵站；（4）在前往公交交匯點旳地面行人通道加建上蓋；及（5）繼續在各區一些主要交通擠塞地點推展行人優先措施和行人專用區計劃。

　　值得一提的是，上屆政府任內，在時任政務司司長林鄭月娥的積極推動下，政府鼓勵商業中心區的私營機構提出行人連接計劃。過去如私有土地業權人、物業業主或發展商有意為其發展項目提供額外

行人連接，以接駁現有的公共行人連接系統或其他現有基礎設施／發展項目，通常須修訂契約及繳付土地補價，以反映其土地因有額外行人連接改善連繫而增加的土地價值，故缺乏誘因，而若由政府出資興建，需經工程評估立項及立法會批准撥款，流程歷時很長。在「起動九龍東」發展規劃下，九龍灣和觀塘兩個商貿區推行試點計劃，締造雙贏條件：一方面透過豁免土地補價的誘因，促使私人機構先於政府設計和興建行人連接，讓市民可早日享用具更佳連繫和暢達度的行人網絡；另一方面由於有私營機構參建，可盡量減少在公共行人路提供公共梯台、樓梯和升降機，從而減少佔用原已有限的地面公共空間，而新增行人連接使物業更暢通易達及增值，政府從差餉和印花稅得到的收益又可隨之增加。

在準備 2015 年維也納 Walk 21 全球會議我作發言的政策定位表述的過程中，我與局內同事深入探討如何較有系統地推動「易行」城市。經過運輸及房屋局和運輸署同事的努力規劃，以及終於得到政府資源調配的支持，我們在 2017 年 1 月透過行政長官施政報告，宣佈推出《香港好·易行》綱領，明確「易行」、「宜行」的政策願景，及由政府主導推動，目標是促進市民「安步當車，行多兩步」，達致應對氣候變化、鼓勵健康生活、促進社區互動、方便長者出入等作用。綱領提出四個「行」的口號：

- 「行得醒」（make it smart）：提供有助步行之清晰方便的資訊；
- 「行得通」（make it connected）：提供完善通達的步行網絡；
- 「行得爽」（make it enjoyable）：締造舒適寫意的步行環境；及
- 「行得妥」（make it safe）：提供安全高質的步行環境。政府並會檢

討及更新有關行人環境和設施的規劃準則及設計，增加綠化行人道、增置無障礙設施及路邊設施如街燈與欄杆等。

　　初步具體措施包括在部分連接公共交通設施的行人通道加裝上蓋，就加強灣仔和上環之間的行人連繫展開研究，以及由運輸署展開「提升香港易行度顧問研究」，以行人優先的概念，制定各項規劃設計標準，提升香港整體易行度及優化行人導向系統，並在全港選取兩個地區試行研究所得的創新措施，以締造寫意舒適的步行環境。整體而言，我們希望促進步行成為香港作為可持續發展城市景貌的一部分。

　　千里之行，始於足下，提出《香港好‧易行》綱領是帶有政策突破意義的第一步，往後仍需政府各相關部門積極按此方向圖推進。唯有真心擁抱步行，才會有創意地打造「易行」城市，就此政府固然責無旁貸，但也需民間團體及企業包括公共交通營運商（如港鐵公司）的配合和支持，才能避免變成走過場的政策交差事工。

《香港好‧易行》宣傳單張

明確把單車定位為短途代步交通工具

上屆政府在運輸及房屋局的推動下，首次明確把單車定位為短途代步交通工具，而非傳統式表述只用作康樂用途。政府致力在新市鎮和新發展區締造「單車友善」環境，因為這些地區的單車徑網絡較為完善，故較適合以單車作為代步工具。

至於市區，情況比較複雜，由於道路交通一般非常繁忙，路窄人多，巴士及小巴路線頻密，路旁上落客貨活動頻繁，經常有車輛駛經並在路旁短暫停留，故此在道路安全的大前提下，我們不能不採取較審慎的態度，不去鼓勵市民在市區繁忙路上以單車作為代步工具。至於有否條件擴闊部分市區道路，需得務實研究具體情況而不能單靠感覺行事。有議員提出，既然市區難以覓地興建單車徑，則政府可考慮在市區非主要幹道設立「單車專用」或「單車共融」的行車線。亦有提議容許在較寬敞的行人路上踏單車，不過須注意，單車最高速度可達每小時 20－30 公里，遠較行人的步速即每小時 4－5 公里為快，若容許騎單車者及行人同時使用行人路，易生安全風險，尤其是對使用行人路的長者及幼童而言。

由於單車、行人及汽車的速度不一，共用道路並非理想或穩妥的做法。上屆政府認為，劃設與行人道及行車道分隔的單車徑讓單車行駛，始終是比較安全的做法。在推展使用單車作短途代步和推動單車友善環境時，必須兼顧道路安全。數字顯示，涉及單車的嚴重交通意外大多發生在行車道路上。在至 2016 年的五年內，全港發生在行車道路上而涉及單車的致命及嚴重交通意外平均每年有 255 宗，我們須予警惕。2013 年運輸署委託顧問研究全港 300 多個路段單車限制區當中約 100 個限制區，之後按其建議及徵詢道路安全議會轄下道路安全研究委員會的意見後，落實取消部分限制區，不過一切仍以安全為上。

「單車友善」配套措施

在新的「單車友善」政策下，不同政策局和部門均須在其工作範疇下推展配合措施：發展局就新發展區的單車徑網絡進行全面規劃，並推動新界單車徑網絡的工程項目；運輸及房屋局則積極推動單車在新市鎮作為短途代步工具。現時，全港單車徑總長度超過 220 公里，連接新界新市鎮如沙田、大埔、天水圍、元朗和屯門等主要地區。為進一步擴展單車徑網絡，發展局及其轄下的土木工程拓展署正分階段推展主幹線超過 80 公里的新界單車徑網絡，包括馬鞍山至屯門段，

以及屯門至荃灣段。此外，將來新界的新發展區，例如規劃中的洪水橋、元朗南等，均會提供配套完善的單車徑網絡，方便市民在區內以單車代步，營造綠色社區。至於市區，政府在規劃個別具條件的項目時，亦會考慮引入單車徑網絡。我當局長時的體會是，若能把相關推動「單車友善」的政策、項目和資源，集中於一個政策局，相信在統一執行方面效果會更好。

除了發展單車徑網絡，政府近年亦致力改善其他單車配套設施。就現有九個新市鎮，即沙田／馬鞍山、大埔、上水／粉嶺、元朗、天水圍、屯門、荃灣、東涌及將軍澳的單車設施，運輸署在 2013 年委聘顧問研究改善方案。顧問擬定了約 900 個建議改善地點，涉及的改善措施包括增加公共單車泊位和在一些急彎、陡斜坡道和行人過路處增設安全設施，包括裝設彈性塑膠護柱以分隔雙程單車徑，以保障騎單車者和行人安全。就單車徑及單車設施的管理，路政署定期派員巡查及進行不同規模的維修保養，運輸署亦嚴格按照法例規定，在單車徑上設置相關的交通標誌，並不時檢討其設計，確保能為使用單車人士提供清晰指示。

我一直關心如何推廣以單車代步，當局長時每次外訪也特意參觀不同城市在這方面的做法，如東京、新加坡、倫敦、台北、上海等，

綜合得到的意見是，除了要做好單車安全教育外，支持「單車友善」之一項重要配套措施是提供適當的單車泊位。根據現時《香港規劃標準與準則》，單車停放設施應設於較大型的住宅發展項目、公共運輸交匯處、鐵路站和「政府、機構或社區」設施等地方。就住宅而言，若發展項目連接直達鐵路站的單車徑，便應設置單車泊位，數目視乎與鐵路站的距離而定：與鐵路站的距離少於 2 公里者，則每 15 個住宅單位應提供 1 個單車泊位；距離為 2 公里以上者，則應每 30 個單位提供 1 個單車泊位。目前，視乎地區的實際需要，運輸署會建議較《香港規劃標準與準則》為高的單車泊位數量。若鐵路站連接單車徑，則鐵路站亦須提供指定的單車停泊處，並以鐵路站周邊 2 公里的範圍人口計算，每一萬人提供最少 30 個單車泊車位。

現在全港共有超過 57,000 個免費公共單車泊位。前述運輸署就新市鎮單車網絡進行的顧問研究，其所提議的 900 個改善地點，當中 290 個為新增泊單車地點，將增加合共約 7,000 個單車泊位。除了提供傳統的單車泊位外，運輸署亦正更新《運輸策劃及設計手冊》，將新式單車泊架，例如「雙層單車泊架」和「一上一下式泊架」等設計，列為標準設計，並就各區的實際情況，考慮在適合的地點設置這些新式單車泊架，以增加可停泊單車的數目。在優化單車硬件設施的同時，就攜帶單車使用公共交通工具方面，政府鼓勵公共交通服務營

辦商，在不影響安全及乘客便利下，容許乘客攜帶單車。現時，專營巴士乘客已可攜帶經妥善摺合並置於袋內的單車，只要擺放時不會對其他乘客構成危險或佔用座位便可；港鐵公司則容許乘客攜帶一輛經摺合或拆除一個車輪的單車，並因應持份者的意見檢討有關安排，但是以不影響鐵路運作安全順暢作為大前提。

隨着科技發展，近年出現新的單車種類。按現時《道路交通條例》，電動輔助單車屬於「汽車」類別，須先向運輸署登記及領牌。但由於現時電動輔助單車的設計，通常不能達到「汽車」的安全和性能標準，因此未能獲到登記或領牌。我理解電動輔助單車為騎單車者帶來方便，因此要求運輸署積極研究電動輔助單車合法化的可行性，但或需限制電動輔助單車輔助動力的最高行駛速度，以確保道路使用者的安全。

共享單車

另一個近年流行的單車出行模式，是在內地和其他一些外國城市出現的種種網上自助單車租賃服務。我和局內同事也正視新興的「共享單車」現象及其迅速發展的趨勢。

在香港，單車租賃業務無須特別領牌經營。2017年初，行政長官在施政報告中首次表示政府會研究如何協助團體以非牟利及自負盈虧形式營辦社區單車租賃服務，作為「首程」及「尾程」的短途接駁。不過事情的發展比我們預期更快，已有私人公司推出自助單車租賃業務，透過App網上進行，唯在個別地區引起有關霸佔公共單車泊位和利用公共資源作牟利活動等爭議。在不應限制這類業務之同時，我回應立法會議員的關注，表明政府的立場是這些服務必須遵守法例，包括與違例停泊單車相關的條例。事實上，政府跨部門曾經研究這問題，決定按一貫程序處理單車違泊，不論是涉及傳統非自助模式租賃的單車、自助模式租賃的單車，還是私人擁有的單車，有需要時會考慮作出相應規管和其他對應措施。

我們推廣「單車友善」，但要從現實的條件穩步推進。香港可用之地少，但人多車多，商業經濟活動頻繁，如何照顧七百多萬市民每日上班上學和消遣娛樂等出行需要，同時兼顧貨運業界的物流經濟活動，是我們日常面對的重大挑戰，因而需尋求一個合理平衡及多元並存的格局，並因應實際情況，包括社會、地理、道路情況和安全考慮，在顧及不同道路使用者需要的前提下，去推動「單車友善」環境。上屆政府在上述平衡考慮下的策略或許仍有改善空間，努力或有

所不足，但是移風易俗不單涉及思維的轉變，更涉及現實條件的循序改善，因此不易一步到位。

參考閱讀

1. Speech by the Secretary for Transport and Housing, Professor Anthony Cheung Bing-leung, at the plenary session of "Walk21 Vienna 2015 - XVI International Conference on Walking and Liveable Communities" in Vienna, Austria, 20 October 2015 (Vienna time), Hong Kong SAR Government Press Releases, info.gov.hk.

2. Keynote presentation by the Secretary for Transport and Housing, Professor Anthony Cheung Bing-leung, at the Walk21 Hong Kong Conference, 3 October 2016, Hong Kong SAR Government Press Releases, info.gov.hk.

3. 運輸及房屋局，《香港好・易行》，2017 年 1 月。

4. 運輸及房屋局局長張炳良在立法會會議上就「制訂單車友善政策，將單車定為交通運輸工具」議案的開場發言，2017 年 6 月 15 日。

5. 立法會秘書處提交立法會交通事務委員會文件「有關興建上坡地區自動扶梯連接系統和升降機系統的資料簡介」，CB(4)839/16-17(04)，2017 年 4 月 12 日。

第 七 章

智慧出行、共享交通？

　　我們的世界已經全面進入由資訊及創新科技所主導甚或主宰的世代，人們的生活愈來愈環繞着資訊科技而運行，並受資訊科技所定義和不斷改造。只要看看現在我們日常起居作息如何依賴智能手機及各種社交應用軟件如 Facebook、Twitter、Instagram、微信等，以及在地鐵和公車上十居其九是「低頭族」，便可見一斑。中國內地所謂新四大發明 —— 高鐵、移動支付、網購、共享單車，其中三項便盡顯新資訊科技的威力。世界潮流，浩浩蕩蕩，我們喜歡與否，都須面對新資訊科技的挑戰。第三次工業革命正在改造世界及社會行為，世界已經進入電子數碼化（digital）年代，而速度且愈來愈快，包括人工智能（Artificial Intelligence, AI）的應用，超過人們以前所能想像。

　　在香港，像我這些戰後嬰兒潮的一代，皆成長於看報紙、聽收音機及後期看免費無線電視，以及使用有線電話和打字機的年代。我當大學生時，複印機及電動打字機的使用已令人喝采不已，至上世紀七十年代後期 Apple（蘋果）才開始把微型電腦普及化。八十年代後期傳真機開始流行，我們視之為傳播溝通之一大跳躍；但隨即受到伴隨九十年代和新千年來臨的資訊科技革命的衝擊和洗禮 —— 先是第一、二代手機、智能電話、電子郵件，接着是 Facebook、Twitter 等新興社交媒體。傳播起了革命，世界從此不再一樣。

　　傳播學大師麥克魯漢（Marshall McLuhan）就現代大眾傳播的名言是："The medium is the message"（媒介即訊息）。今天的新生代，人人手中一部智能手機，就能行走天下，付賬訂票找地圖、看電影、聽音樂、玩網上遊戲，並隨時可與任何人包括陌生人溝通，可以掌握世界各地訊息而無需依賴傳統媒體，甚至可以自己當起一人媒體來。互聯網和社交媒體的發達及其廣而深的社會滲透，使「通訊」主導了人們每一分一秒的生活和思考，資訊數據以幾何級數膨脹，人好像成為了資訊的動物。

　　新資訊科技帶來了 e-commerce（電子商貿）、新經濟，正在重塑市場和消費者行為，不單構成新資訊科技年代的一大挑戰，也同時帶來新商機。「大數據」（Big Data）已經成為「智慧城市」（smart city）和「智慧世界」的呼喚詞。誰掌握了大數據就儼然掌握了未來，應用軟件和數據革命令新的以 Uber 和 Airbnb 為表表者之所謂 sharing economy（共享經濟）變得可行和流行，不單衝擊了舊經濟及其相伴的既有規管體制，而且有關的大數據有利於轉化為無限可能的人工智能及「認知」服務（cognitive services）。一些專家預期，AI 將帶來第三次工業革命的另一大躍進，即工業革命 3.5？

智慧城市，智慧出行

在上述全球大勢下，世界各地城市均去擁抱新資訊科技，打造智慧城市。香港也不例外，其實民間和企業可能比政府走得更快。上屆政府在創新及科技局最終通過立法、於 2015 年 11 月得以設立後，推動制定「智慧城市藍圖」，協調跨部門的計劃和舉措。「智慧出行」（smart mobility）屬運輸及房屋局範疇，故我和局內同事及運輸署也參與其中。至現屆政府，由行政長官林鄭月娥親自主持創新及科技督導委員會，加強政策力度，並於 2017 年 12 月公佈《香港智慧城市藍圖》，涵蓋六大發展範疇 —— 即出行、生活、環境、市民、政府和經濟。

「智慧出行」的關鍵在於以出行人士（包括行人）為本的整體便捷性和通達性，涵蓋硬體和軟體建設，資訊科技當然乃當中重要的一環，但不僅屬於科技問題。如前章所述，香港擁有全球各大城市中可能是覆蓋面最廣、效率最高的公共交通系統，每天出行人次中佔九成使用公交，為全球最高比例。我們的鐵路和地鐵準時度達 99.9%，繁忙時間市區線可少於兩分鐘一班；使用率高的專營巴士路線在繁忙時間也接近兩分鐘便有一班。由於班次頻密、公交選擇多元化（特別在市區和新市鎮），因此市民依靠出發前做好行程計劃（trip planning）

《香港智慧城市藍圖》（2017 年 12 月）

的程度，不必跟公交不及香港般發達的歐美外國城市相提並論，但我們也看到愈來愈多乘客利用智能手機去掌握公交的實時到站資訊。

目前在外國及內地不少城市，就交通資訊和公交實時訊息的發放，做得比香港更廣更進步，這點我們得要承認，並急起直追。不過，香港過去在利用資訊科技上並非一片空白，亦非缺乏技術知識，關鍵在於政策和企業誘因機制。其實，1999 年完成的第三次整體運輸研究已提出重視應用科技為四大方向之一。七十年代，香港率先應用電腦化地域交通控制技術，以促進主要道路幹道路口交通燈之同步配合（synchronisation），減少車輛停駛和行車延誤。2003 年起，逐步設置行車時間顯示系統和行車速度屏，特別位於過海和陸上隧道連接道路，為駕駛人士提供有關路線的實時交通狀況及估算行車時間。運輸署網頁內的行車速度圖於 2010 年啟用，提供往各條過海隧道及新界往九龍的主要幹道的估算行車速度。除估算行車速度外，同時提供特別交通消息、由運輸署道路監察鏡頭提供的快拍影像、估算過海行車時間及行車速度屏的影像等，而行車速度圖的行車速度資料每五分鐘更新一次。

2009 年起，運輸署逐步引進和提升三款智能手機程式 ——「香港乘車易 Hong Kong e-Transport」、「香港行車易 Hong Kong e-Routing」

及「交通快訊 e-Traffic News」，提供路程、車費、交通事故、公交延誤、臨時交通及改道措施、泊車，以至實時交通情況等資訊；現已計劃整合各應用程式為一個用者方便的綜合程式。此外，港鐵和各專營巴士公司也開發它們自己的網上資訊和手機程式，如港鐵的智能手機程式「Next Train」、「Traffic News」等，而自 2013 年起，所有港鐵的重鐵車站均已提供免費 WiFi（無線上網）熱點服務。

　　我當局長任內，敦促局署同事多參考其他城市做法，並重視實時資訊發放，以方便乘客和駕駛人士。在推動「智慧出行」上，我們希望達致四方面效果：（1）方便出行人士在高效、整合的多元公交系統中能有更佳選擇，包括在行程上；（2）減少碳排放量；（3）減少道路交通擠塞；以及（4）促進綠色出行，在環境許可下鼓勵短途以步行和單車出行，中長途盡量使用公交。新舉措當中包括：

• 以公帑配對資助專營巴士公司加快在車站安裝實時到站資訊顯示屏及改善候車環境的設施，又推動專營巴士配備 WiFi 服務；

• 2017 年中起，運輸署的「香港乘車易」手機應用程式逐步與各專營巴士公司的手機應用程式相連，以提供實時巴士到站資訊；

• 在主要幹道安裝交通探測器，提供實時交通資訊包括車速及流量，以助交通管理；

- 在道路路口設置智能交通燈、提升過路發聲訊號系統，以方便行人尤其是長者和殘障人士走過馬路；
- 安裝「智慧」泊車咪錶，使能自動提供實時泊車位空置情況；
- 推出《香港好‧易行》計劃，推動「易行」城市，包括引入智能科技協助行人計劃其步行路線；
- 推行試驗計劃，利用具錄影分析功能的中央閉路監視系統去監察道路狀況，包括違例泊車和路邊上落貨活動，使有助執法；
- 籌備推出電子道路收費先導計劃，利用電子科技去處理道路擠塞問題。

與此同時，香港機場管理局也銳意應用最新科技和智能手機程式，包括更廣泛使用流動登機櫃檯服務、電子辨識技術，使登機手續、行李托運和提取服務等更為便捷可靠，打造智能機場。未來「三跑道系統」下，香港國際機場將全面進入智能化。

局限與挑戰

我同意，跟一些其他城市比較，香港在若干方面不及於他人，如開放數據、電子／流動支付、共享汽車和單車、電動車輛（electric vehicles, EV）、無人駕駛車輛（automatic vehicles, AV，自動駕駛車

輛）等。不過，不同城市的地理和社區環境、出行傳統及政策歷史都
不一樣，面對不同的局限和挑戰，不存在一個單一的共通模式，不存
在 "one smart mobility formula that fits all"（同一智慧出行方程式各地
合宜）。就香港情況，我在此分享一些個人感受和體會。

　　先說**開放數據**。目前公共交通營運者除了在本身網站上發放如路
線、票價和班次等業務資料外，也向運輸署提供一些主要數據，而署
方也會把此等數據上載至其網站和透過手機程式，讓公眾分享，盡量
開放。不過，倡議「開放數據」的人士和團體所指的當然不止於此，
而是把所有營運者掌握的資料都予自由開放，讓其他機構使用，無論
是研究機構、非政府組織，還是牟利企業如收費的大數據分析（big
data analytics），這就觸及數據擁有權和利益的問題。香港不像其他
很多城市，我們的公共交通是由私營企業按專營權或發牌營運，而非
由政府或法定機構直接經營（市營），其他城市這方面的數據既屬於
公有的資料，在官方資訊自由開放的原則和政策下，就有必要盡量公
開，但香港的公交營運者，包括屬上市公司的港鐵，皆視其營運數據
為「私有」的有價資產，有些數據亦的確是經其投放資源開發所得，
故除非屬政府專營權、牌照和相關協議規定必須提交者，否則多以商
業敏感理由不願隨便開放，又或要求付費下才會提供予他者。類似態

度也見諸於經營停車場的私營企業，大大妨礙政府推動透過實時資訊提供各停車場泊車位空置情況。

我認同「大數據」的重要性。在交通上若能多掌握和分析相關的大數據，包括不同交通工具、不同路線在不同時段的客量、出行習慣、客流方向及需求趨勢等，的確有助更能顧及人們最新出行模式的交通規劃和管理，從而建構智慧出行，減少交通和社會成本，利民便民。故這幾年政府一直鼓勵營運者讓公眾分享更多其數據，不同行業若肯開放數據，其實可以更多掌握市場資訊和消費者行為，互為得益。在合理地照顧、平衡私產利益及商業性敏感資料下，若然鼓勵起不了大用，則政府或需研究應否實施強制性規定，在合理指定範圍的數據必須開放，一如以前推動平等機會和反歧視的規定及立法一樣；不過我們不應低估強制手段導致商界反彈抗拒及執行上的複雜性。讓企業看到大數據潮流而自發地加速開放其數據，始終較為可取，因為這最終並非「零和」利益問題。

推行**電子／移動支付**，香港完全具備條件。目前超過 99.9% 的市民擁有至少一張八達通卡，八達通已經是各類公共交通及市場和零售店的普及數碼支付方式，而其他電子支付方式也日漸流行。2017 年

初，手機滲透率（mobile penetration rate）已達 240% 之高，年輕人基本上慣用移動應用程式和數碼交易手段，就算是較年長的市民也在逐步接受數碼化，一些人在內地和海外也常以此支付。所以，無論是硬體基建還是軟件技術，以至行為適應，不存在根本問題，關鍵在於政府部門和營運商是否肯大力投資硬、軟件發展，加快提升配備設施而已。

以政府而言，我認為各部門都應設立具備最新創新科技專業認識並能較全方位地推動各項部門服務數碼化的首長級「創科專員」，各有其進行部門數碼化所需的「專款」，而不是處處依靠政府資訊科技總監辦公室，或每一科技提升項目均要走冗長的立項及立法會批准撥款程序，致批得錢來工程技術又已經落伍了。擁有創新科技的視野和技術同等重要，並需資源和時間到位。近年運輸署進行為收費隧道及公路（青嶼幹線）引入電子繳費設施的「停車拍卡」計劃，即以非接觸式信用卡、八達通繳付，但至 2017 年推出時，被批評為技術落後於最新電子支付方式。其實問題在於，一方面這兩三年移動支付方式迅速崛起和普及化，特別是在內地，而另一方面政府部門行事先找顧問做可行性研究，再經政府內部資源分配以及立法會撥款程序，然後招標承建，所花的時間實在過長，導致當初提出時尚屬新意的計劃，到真正能夠落實時可能已成為明白黃花。

另一已成社會關注熱點的是「共享交通」，包括**共享汽車和共享單車**。「共享經濟」的概念由學理走向市場實踐，成為全球矚目的創新產業，乃拜 Uber 和 Airbnb 模式初期的成功及漸成年輕人和中產消費者時尚所賜。在香港，Uber 被一些人視為可取代「落後」之的士行業，掀起的士商集團和部分的士司機的反感反彈，政府也得正視 Uber 帶來對規管制度的挑戰和對既存交通生態的衝擊，我在第三章講述的士業改革時已作過交代，在此不重複。

就「共享」的功能而言，即不用人人靠自己擁有和使用私家車出行，使有限的道路資源善盡其用，可以說公共交通工具乃最合乎共享目標和具最大共享效率的交通方式，所以我在局長任上堅持公交優先。其實領牌的士也具共享性質，屬於個人化點到點的交通方式，而 Uber 就是直接衝着的士模式而來，藉着利用新的電子科技得以實行網上交易，模糊了出租車司機和乘客的供求方關係，並在不作直接車費交收而司機跟 Uber 又不存在僱傭關係的表面情況下，去迴避領牌受規管的現有政策和制度框架。由於 Uber 是一個服務創新者，遂惹人好感（特別是年輕人），但不要忘記，它也同時是一個追求利潤的全球性跨國企業，估值達 700 億美元，在全球資本主義邏輯下無異於先前所有的跨國集團，最終還是要佔領市場、排除他者競爭，仍然是掠奪性的（predatory）。

　　由於 Uber 實際上是在推動漠視政府規管、否定規管體制的「全民白牌的士」，即無牌的士，使任何人皆可隨時隨意以自己的汽車載客謀利，因而在香港和其他一些國家及地區，包括近鄰的韓國和台灣，引發持續之的士業抗議及與交通規管和執法當局的角力，並非無因。中國內地和新加坡等地以擁抱「共享汽車」之名引入「網約車」經營，其實對營運商和司機皆作發證規管。環顧世界各地，主動擁抱 Uber 的往往是其公共交通落後、人民乘車難、連的士業也不振或服務惡劣的城市。有少數國家和城市初期抗拒 Uber「顛覆」制度，後因其的士行業也的確供不應求且收費昂貴，故敵不過民情壓力而採用某種制度去接受 Uber，但卻須對的士行業作出紓緩措施，例如在澳洲新南威爾士州，Uber 旗下出租車乘客在五年內每一車程須交徵費（levy）一澳元，以科款入政府成立的 2.5 億澳元補償基金，補償當地的士行業在業務和的士牌價方面的損失。

　　在香港，儘管近年的士行業因一些司機（哪怕是少數）拒載、兜路、濫收車資、服務態度欠佳等而遭投訴的個案日增，但平情而論，的士供應仍算較多且收費在國際上尚算便宜，而在有需要時仍可增加供應數目，所以並不存在由 Uber 取代的士的前提。我們的挑戰，在於如何接納新的網約和電子支付方式，為乘客帶來創新及便利，以客為本。基於應用創新科技和「載客取酬」須受規管兩大原則，我們在

上屆政府任內遂嘗試建構有利網約出租車發展的新政策和規管框架，即「專營的士」方案；在此方案下，現有公交營運商（包括的士商）及網約平台皆可有機會合法經營新增的六百輛專營的士，屬於雙贏方案。

至於「共享單車」，本質上跟傳統單車租賃業務並無分別，唯一不同的是新興的網上租賃單車，利用數碼科技付費及不需定點交收所租的單車，因而流動性更強，更方便租用者，但也同時衍生種種隨處泊車甚或棄置的問題，由於租賃平台收車不善，遂在一些社區做成違泊和滋擾，在香港如是，在一些內地和外國城市也如是，已成為城市管理的新問題，在內地已做成所謂「共享單車泡沫」爆破的現象。[1] 目前租賃單車只屬於一般商業經營，無須特別領牌，單車本身作為代步工具也不存在像的士及出租汽車般的規管，因此，面對「共享單車」的平台日多，而當中一些只志在藉初創企業去大量募資、但求擴張後賣盤而疏於管理，且在個別城市出現惡性競爭，政府實有需要在規管制度上與時俱進。

1　見 BBC World video "Putting the brakes on China's bike mountain," bbc.com, 11 May 2018.

傳統的交通規管體制已不能適應新科技帶來的新營運以至出行形態。上述的「共享汽車」和「共享單車」是大勢所趨的現象，年輕一代使用單車和步行也日漸普及，在一些其他城市已成潮流，香港也在追上。我在上屆政府推動「單車友善」和「易行城市」，雖已衝破以往的政策因循，納入為交通／出行政策目標之一部分，但顯然推行力度尚未足夠，相關的配套基建及與公共交通交匯處的連接也需全盤立體地作更好的規劃。

此外，可能快將成為市場新員的**自動駕駛汽車**，亦會挑戰既有的車輛規管體制。由於自動車乘車者不再是現在的駕駛人角色，其應負的責任和應受的保障究竟如何？風險責任和保險安排又怎樣？對道路安全有何責任和影響？應否調整現行的道路管理和規劃標準？我在局長任內曾與局內和運輸署同事交流政府應如何積極應付一系列由創新科技帶來的法律、規管、交通規劃及管理上的挑戰，認為應及早預見問題，早些考察其他國家及城市的策略和做法。由於香港沒有本身的汽車製造業，只是當市場上有新產品推出時（電動車也好、自動車也好）才去應對，這樣便往往落後於形勢，跟新發展脫節，也往往未能展示政府帶頭推動創新車輛的作用。當然，任何對既有交通規劃和規管體制的改變，無可避免會牽動不同的業界利益，有時會牽一髮而動全身。

　　總言之，在新資訊科技企業坐大的環境下，政府可如何保持市場上應有的競爭呢？要推行智慧出行，政府相關部門有必要從一直以來「規管為本」的政策定位轉向「開創和規管並重」，並在開創上多與企業、生產者、營運者和交通運輸科研機構交流合作。新資訊科技革命固然帶來生活上許多方便，解決了不少問題，提升了生活質素，化不可能為可能，應該受到歡迎；而且，革命到臨，無人可以完全迴避。然而，也不等於我們只是處於被動，接受一切及其背後的邏輯。新資訊科技也會導致新的人類風險問題，即 IT-related hazards，它們見諸於社會、經濟、政治，以至於法律和道德領域，包括數據的濫用、盜用和私隱問題。在推動智慧城市時，我們需時刻保持警惕，做好新科技的風險管理。

參考閱讀

1. 創新及科技局，《香港智慧城市藍圖》，2017 年 12 月。

第 八 章

高鐵工程嚴重延誤事件

我在上屆政府任上，經歷多次重大事件，耗用局內及相關部門大量精力和資源向社會及立法會解釋，並應付外部調查。在幾宗重大事件和爭議中，以高鐵的延誤超支風波對我和政府的衝擊及挑戰最大，皆因高鐵背負政治「原罪」，以及「一地兩檢」的安排被高度政治化，是上屆政府運輸及房屋局的頭等大事。

高鐵背負政治「原罪」

香港高鐵段長 26 公里，乃全長 140 公里的廣深港高鐵段的一部分，連接全國高鐵網絡。內地於 2000 年代積極規劃和投資興建高鐵，2008 年提出的中長期的規劃，以「四縱四橫」的佈局建設八條高鐵線，至今總長度已超過 22,000 公里。2016 年 7 月，國務院批准新的《中長期鐵路網規劃》，擴大為「八縱八橫」，[1] 目標是要把內地高鐵網絡總長度增至 2020 年的 30,000 公里，覆蓋全國八成以上的大城市，到 2025 年達至 38,000 公里。屆時全國高鐵差不多「公交化」，大大改造國家的城際交通面貌。

1　「八縱」通道包括：沿海通道；京滬通道；京港（台）通道；京哈—京港澳通道；呼南通道；京昆通道；包（銀）海通道及蘭（西）廣通道。「八橫」通道包括：綏滿通道；京蘭通道；青銀通道；陸橋通道；沿江通道；滬昆通道；廈渝通道及廣昆通道。

　　特區政府早於《鐵路發展策略 2000》提出興建區域快線的構想，由紅磡直達與內地的界線。2001 年立法會通過議員議案，提請政府研究興建直達深圳的快速鐵路。當時政府已向內地提出探討興建高鐵連接廣州、深圳和香港三地的構思，以強化香港的區域交通樞紐作用，開拓伴隨內地經濟迅速增長帶來的長遠發展機遇，並且與鐵道部成立聯席專家小組進行研究。2005 年政府向立法會介紹擬議的高鐵香港段計劃。最初於 2006 年以「共用通道」方案作規劃，後於 2008 年改用「專用通道」方案。2008 年 4 月，行政會議通過與興建高鐵香港段相關的事宜，包括走線、總站設在西九龍，以及以「服務經營權」模式（Concession Approach）由政府出資擁有但交由港鐵公司營運香港段高鐵等，又會研究於西九龍站採取「一地兩檢」通關安排。

　　2009 年 10 月行政會議正式批准高鐵立項，旋即向立法會申請批准撥款合共約 668 億元，其中 550 億元為鐵路建造費用、118 億元為非鐵路工程之費用。2010 年 1 月 16 日，立法會財務委員會經長時間審議及面對反高鐵的示威抗議下，終於通過撥款，之後政府與港鐵簽訂委託協議，以約 650 億元委託港鐵負責高鐵項目的建造、測試和通車，內含 45.9 億元為港鐵可得的項目管理費，預計 2015 年底完工，包括完成測試及試運行。值得一提，高鐵項目乃首個以「委託」形式（Entrustment）由政府出資並擁有、港鐵公司建造並營運的項目，之

前所有鐵路項目皆由地鐵／港鐵公司融資、擁有及營運，但政府負擔投資應有合理回報下之資金缺口；其後沙田至中環線項目亦採用同樣的委託模式。當年政府引入委託模式，乃鑑於高鐵涉及香港段與內地段的銜接及不少需由兩地政府之間對接的事宜，認為由政府持有該鐵路較為可取。不過，經歷高鐵延誤超支一役，委託模式的缺陷盡現，下面再作分解。

高鐵項目由一開始便被高度政治化，在當年新一代本土主義情緒冒起中，被攻擊為中央強迫香港加強與內地融合的政治圖謀，即所謂香港「被規劃」，又因其建造成本「超高」及菜園村收地爭議，引發村民抗爭、高鐵走線和總站設立地點之爭（西九龍 vs 錦上路），以及當中涉及的成本效益辯論、擬議「一地兩檢」安排等等，導致 2009 年底至 2010 年初立法會上工程立項撥款時備受泛民主派議員攻擊及反對撥款，而且催生一些反高鐵的年輕人萬人抗議、包圍立法會，是為近年青年人走向激進化、本土化、反融合、反發展、反基建（所謂「大白象」）之始，帶有高度的抗爭圖騰色彩。

因此，後來當這費用高昂的高鐵工程不幸出現重大延誤超支時，自然再度引爆抗爭之情，立法會內泛民主派（泛民）議員又怎會放過這難得機會，遂傾全力四方八面攻擊政府。作為時任問責局長，我在

政治上當然承受了「監管不力」的指控，我當時也不斷自我檢討是否過於信賴屬下部門、是否質疑不足。但我心清白，曾於 2014 年 5 月在立法會鐵路事宜小組委員會（下稱「鐵路小組」）上坦言，若獨立專家小組調查結果顯示我的局長行為是做成高鐵工程延誤的一個因素，我會立即辭職。在整個高鐵風波過程中，我看盡政場險惡及人情冷暖，但我得到局內政治團隊和公務員團隊的全力支持，令我們得以沉着應戰。不過當時我一直有承擔政治責任而請辭的準備，不願因高鐵事件的政治爆炸而累及整個政府團隊，並曾就此告知梁振英特首。其後，獨立專家小組的報告表明，責任不在運輸及房屋局或局長。

高鐵容易引起爭議，更因在通關安排上涉及與內地於西九龍站實行「一地兩檢」，關乎「一國兩制」的落實問題，具更大的政治爆炸性。我和律政司司長袁國強在上屆政府任內可以說是參與此事最深的政治問責官員，但是在此我當然不能亦不應透露政府內部機密資料，既因官方保密法之約束，更重要的是須遵守應有的政治倫理。

此外，由於上屆政府已表明，政府作為高鐵工程項目的業主，就延誤超支一事與港鐵公司作為項目管理人，存在利益和意見分歧，政府已經外聘法律專家協助跟進港鐵應負的責任，不排除作出索償，而雙方在處理項目超支追加撥款的解決方案下，也已同意待高鐵工程於

2018 年完工通車後展開相關的法律程序（包括仲裁），所以我不會披露任何涉及高鐵工程及費用的詳情，以免影響將來的程序及由政府代表的公眾利益。

高鐵工程監核與延誤

2014 年 4 月港鐵公司承認高鐵工程嚴重延誤，要到 2017 年才可投入服務（其後經過多月深入評估，確定最快要到 2018 年才可完工及完成測試和試運行等，至第三季投入服務），引發社會及議會嘩然，立法會鐵路小組連續舉行兩次會議「拷問」政府和港鐵公司相關情況和延誤因由，後來立法會大會又在鐵路小組未能通過依《立法會（權力及特權）條例》成立調查委員會下，因泛民議員發難而成立不具傳召權的專責委員會（Select Committee）進行調查。此前，港鐵公司董事局已於 4 月底成立委員會作內部調查檢討，其後發表了中期和最後報告書；而政府亦於 5 月委任夏正民法官（Michael Hartmann）主持獨立專家小組，成員包括來自英美兩國的兩位工程專家，深入了解工程延誤成因，檢視制度、程序和做法，作專業剖析、查找不足，以澄清責任所在。

在整個事件過程中，港鐵公司和政府提供了大量資料，而上述

各有關調查的報告，包括立法會專責委員會的報告，亦披露了高鐵工程不少詳情，所有這些資料都已在公共領域讓市民和媒體查閱。在此我無意把如此豐富並已公開的資料作出撮要，恐怕掛一漏萬。我只會就我作為局長親自經歷和觀察所得，作出交代。讀者要去深入了解情況，還需詳閱所有已放在公共領域的文件。

我於 2012 年 7 月就任運輸及房屋局局長後，深知高鐵項目的政治敏感性，明白一方面按立項的成本預算和依期完工固為重要，另一方面須找到妥善方法去落實西九龍站「一地兩檢」安排。時任港鐵公司行政總裁 Jay Walder（韋達誠）致函給我，表示維持 2015 年高鐵通車目標，但指出由深圳至香港的跨境隧道挖掘工程乃一需予聚焦的挑戰。當時深方隧道挖掘進度較預期緩慢，可能影響整體高鐵工程的進展。因此我於 2012 年 12 月 6 日往北京拜訪原鐵道部時，曾向胡亞東副部長表達關注，冀兩地工程單位可致力維持原定時間表。

在推動大型建造工程時，不時會遇到工程延誤的風險，包括來自工程、地質，以至天氣因素的挑戰，也有涉及工程管理和承建商管理協調方面的問題。高鐵香港段涉及四十多份土木工程及機電工程主要合約，個別工程合約在施工過程中出現不同程度的滯後，需要引進不同的補救措施，去追趕工程進度，從工程管理角度而言一點都不足為

奇，這是不少工程界老行尊所同意的。而根據過往大型工程的經驗，很多時候，縱使個別工程出現滯後情況，並不等於最終整個項目的完工期必定會出現延誤。承建商往往可以採取緩解措施，去追回滯後的進度；加人、加班、加機械是其中一些方法。另外，更重要的是避免關鍵工序的滯後情況影響緊接其後工序的進行，即所謂 critical path（關鍵路徑）也。透過重訂工序時間表及將大型工序分拆，亦可以將一些已滯後的工序變為非關鍵性；例如挖掘工程出現滯後，可通過安排挖掘工作的先後次序，使關鍵的後續工作，例如是建造車站結構，先在已挖掘的位置盡快進行。因此，在大型工程項目中，工程管理及監督至為重要。

由於高鐵香港段是政府全資擁有並以「服務經營權」模式推展的鐵路項目，路政署於 2008 年委聘勞氏鐵路亞洲有限公司（Lloyd's Register Rail (Asia) Limited）作為顧問，就政府計劃委託港鐵公司承造高鐵工程，建議適當的項目管理安排。鑑於港鐵公司興建鐵路方面往績良好，項目管理制度健全，顧問建議路政署就高鐵項目的設計和建造採用「監察和核證」的模式（monitoring and verification），以「核實監督者」（check the checker）而非「項目管理者」的角色監察港鐵公司，並同時聘請有鐵路經驗的專業顧問，進行監察和核實的工作，即後來委聘的嘉科工程顧問有限公司（Jacobs China Limited）。具體

來說，是按照工程的風險評估，抽樣覆核港鐵公司在實施工程時進行的各項程序，是否符合與政府簽訂的委託協議下的責任。顧問認為這安排可更有效運用政府的資源，同時可避免與港鐵公司的項目管理責任重疊。

路政署署長是政府財政管理體制下高鐵項目核准預算的管制人員（Controlling Officer），相對於港鐵公司亦是項目的監管人員，他領導一個項目監管委員會，每月舉行會議檢討項目進度，監察關於採購和招標後的成本控制以及合約申索事宜。之下還設有助理署長級參加與港鐵舉行的項目統籌會議，以至總工程師級的其他定期對接會議。按照港鐵公司在監察機制下提交的報告，以及路政署及其委聘的「監察和核證」顧問工程公司（簡稱「監核顧問」）所掌握的情況，路政署知道施工在不同時段和不同環節、合約，的確存在一些滯後情況，而港鐵公司亦一直表示有決心用不同方法追回進度，落實 2015 年完工通車的目標。

到 2013 年，滯後情況看來比較凸顯。2013 年 5 月 7 日有報章引述所謂港鐵公司「內部文件」，指西九龍站工程會有至少一年的延誤和超支達 44 億元，當天早上我出席公開活動後回應媒體提問時，按局方同事從路政署及港鐵公司所掌握之情況表示，高鐵 2015 年完工

目標不變，亦不預期會超支；幾天之後於港鐵公司周年股東大會後，錢果豐主席回答媒體詢問也作同樣表示。不過，當時我心中已開始有疑惑，故要求局內同事進一步全面了解高鐵工程最新進度，並決定於 5 月 24 日舉行的立法會鐵路小組會議上再回應上述有關延誤和超支索償的報道。5 月 15 日幾份報章有更多關於延誤的報道，而局方掌握的情況是，港鐵公司承認西九龍站工程遇到未能預期的地底困難，但已積極與承建商設法追回進度，並估計各項工程合約的索償可由建造預算費用內應付，不會超支。按港鐵公司當時所作的評估和擬採取追回進度措施，路政署亦認同，只要不再出現無法預計的重大問題，西九龍站有可能在目標日期完工，亦不會超出核准工程預算。我和路政署署長親自出席了鐵路小組會議說明情況。

　　西九龍站工程和前述跨境隧道工程乃整個高鐵項目進度的關鍵工程。2013 年 7 月 5 日，我從同事報告得知由皇崗南下的跨境隧道鑽挖遇阻滯後，要求他們評估對高鐵其他工程之進度以至工程費用和可能索償的影響。10 月 17 日，我訪京拜會中國鐵路總公司盛光祖總經理和國家鐵路局陸東福局長（當時原鐵道部已解體分家），表達對內地方工程的關注。之前 2013 年 8 月，運輸及房屋局常任秘書長（運輸）要求路政署署長和港鐵工程總監匯報高鐵工程最新情況，顯示 2015 年底通車的目標或受影響。11 月 20 日，路政署向我匯報工程進度，

基於其評估及其從港鐵工程總監周大滄處了解的跨境隧道工程進度，我指示應在 11 月 22 日舉行的立法會鐵路小組例行會議上，向議員說明高鐵「或不可能」於 2015 年底通車，並要解釋工程滯後和所遇困難的最新情況，不要讓人將來指責政府隱瞞進度。

翌日（11 月 21 日）早上港鐵行政總裁韋達誠來電，質疑為何要公開作此表示，說仍有可能追趕工程以期在 2015 年底提供乘客服務，我回答說我的決定也考慮了周大滄向政府表達的評估。稍後不久韋達誠再次來電，說已向其同事了解，認為應維持 2015 年底通車的目標。我不肯答應，要求當晚雙方舉行緊急會議，澄清問題；由於我已另有約會，故政府方面由常任秘書長（運輸）黎以德帶隊，參加者包括副局長邱誠武、路政署署長劉家強及機電工程署署長陳帆，而港鐵方面則有韋達誠及周大滄等高層。有關是次會議的討論記錄其後已呈交立法會並予公開，故在此不贅。

大抵上，政府代表表示，若有跡象顯示高鐵或會無法於 2015 年底通車，政府有責任向公眾盡快交代，儘管當刻未能完全確定這可能性。局方表示，按照港鐵提供的資料，特別是鑑於跨境隧道工程嚴重滯後，高鐵香港段需待 2015 年 10 月才可展開測試，那麼如何能在 2015 年啟用？但港鐵則堅持仍存在 2015 年底完工通車的可能，

說根據其過往建造多條鐵路線的成功經驗，他們有信心可追回滯後，並說一俟跨境段隧道鑽挖抵達深港邊界而開始於香港境內推進，港鐵便可評估實際影響情況及盡快追回滯後，希望多予他們六個月時間去進一步評估進度。他們又擔心在距離通車目標時間仍有兩年許便放棄目標，會讓承建商放鬆趕工追回進度的步伐，那樣的話便真的做成延誤，製造一個所謂「自我成真的預言」（self-fulfilling prophecy）。在討論中，港鐵曾提議在通車初期採取「單軌雙程」安排，但被政府代表以安全理由否定。

在雙方意見分歧下，最後同意以下述方式向鐵路小組交代：

（1）高鐵主體工程於 2015 年完成，之後需六至九個月進行測試及試運行；

（2）若被問及具體何月完工，則指出現時難以確定，但會盡力於 2015 年內完工；

（3）若被問及高鐵會否延至 2016 年才可通車，則承諾於六個月內作進一步較適切之評估後向鐵路小組匯報。

此外，港鐵公司須向政府（透過路政署）提交清晰的路線圖，以顯示如何達致通車目標。會議後當晚黎以德和邱誠武立即向我匯報

請示，我同意這表述，並授權邱誠武（代表政府）在翌日鐵路小組會議上按照定下的口徑在開場發言時一早說清楚，希望傳達一個訊息，就是主要工程應可在 2015 年完成，但通車時間未能完全確定；這樣說也照顧了港鐵有關督促承建商繼續趕工的考慮。未料在邱誠武發言後，鐵路小組委員們的興趣竟然不在完工通車時間，各人反而紛紛就高鐵工程的勞工事宜（包括輸入外勞問題）提問，只有小組主席田北辰議員聽後表示按政府說法高鐵會延至 2016 年才可通車。

疑中留情，非「合謀隱瞞」

　　向立法會表述高鐵工程進度的說法，整合了運輸及房屋局和港鐵公司雙方各自的判斷及立場，並可說是給予港鐵 benefit of the doubt（疑點利益歸於港鐵）。我其後於高鐵延誤風波中被議員質問時，用上「疑中留情」的中文說法，就是這個意思，但遭到一些媒體和議員大加扭曲，並把韋達誠 11 月 21 日早上兩度致電給我一事無限上綱上線，炒作為局長與行政總裁「合謀隱瞞」。用今天已知的情況再回看，假若政府於 2013 年 11 月 21 日晚會議上對港鐵公司採取一個更強硬的處理方法，那麼當晚得出的結論或許不一樣，又或至少政府可堅持把其本身與港鐵的判斷分歧公開，向立法會匯報，這樣便不會招致所謂「政府刻意隱瞞延誤」及「與港鐵合謀」的誠信質疑了。所以，作

為問責局長，我為此於 2014 年 5 月鄭重向立法會和公眾致歉。

事實上在 2013 年 11 月 22 日鐵路小組會議後，港鐵公司向由路政署署長主持的項目監管委員會簡報擬議的高鐵啟用方案，當中仍訂明所有土木工程及機電工程的目標完工日期為 2015 年 6 月，然後進行測試和試運行。其後數月，路政署一直要求港鐵按 2013 年 11 月 21 日晚會議上的決定，向政府提交清楚並包含各階段里程碑的通車目標路線圖，以及追回滯後的計劃詳情。到 2014 年 3 月 18 日舉行的項目統籌會議上，港鐵方面仍表示目標完工日期為 2015 年。2014 年 4 月 2 日的項目監管委員會會議上，港鐵回應路政署對工程持續滯後之關注時表示仍在檢討整體情況，會於 5 月 7 日安排簡報；可是旋即在十天後爆出嚴重延誤的消息。

2014 年 4 月 12 日（星期六），我週末請假身在台北與家人共遊，約中午過後接到韋達誠緊急來電，說高鐵工程嚴重延誤，完工期延至 2016 年、並須待 2017 年才可投入服務。我跟着致電回港向局方同事了解，知道他們（包括路政署署長）也是同一早上才接獲港鐵方面知會。我遂於翌日 4 月 13 日與錢果豐主席通電話討論此事時，要求我返回香港後於星期一（4 月 14 日）立即舉行會議共商對策。4 月 14 日會議上港鐵公司高層由錢果豐和韋達誠領軍，在港鐵概括地解釋了

延誤因由後，我要求他們向政府提交全面檢視高鐵工程並交代其嚴重延誤的正式報告，因為我感到直至當刻為止，港鐵未有提供而政府方面亦未能充分掌握箇中詳情。雙方同意盡早向公眾交代，於 4 月 15 日下午會見媒體。15 日當天我決定雙方分開會見記者，我只會作一簡短聲明，之後交由港鐵在他們的記者會上向公眾詳細解釋工程嚴重延誤的情況和原因。

我當時有直覺，港鐵一直未有向政府坦誠交代工程進展的所有情況，若與港鐵一同會見傳媒，會予人政府充分掌握內情（in the picture）並一早已知有此嚴重延誤之錯感。在會見傳媒時，我用了「驚訝」、「意外」、「非常失望」等字眼，可能令媒體也感到有點意外。本來，出現延誤對我來說並非意料之外，因為如上文所述，運輸及房屋局內早於 2013 年 11 月已有此判斷和準備，只是當時港鐵行政總裁和工程總監卻信誓旦旦表示有信心仍可追回進度在 2015 年底通車而已。但是我勢估不到的，是他們一旦向我們承認通車目標時間延遲，竟然是一遲便達兩年，由 2015 年延至 2017 年，這確是晴天霹靂的消息！試問五個月前仍說爭取於 2015 年完工通車（儘管當時政府方面對此評估有所保留），怎可能輕易變成延至 2017 年呢？我心中實在充滿疑團，認為一定有些事情把政府蒙在鼓裏。對於其後港鐵的記者會上韋達誠作為行政總裁竟不出現，只由工程總監周大滄及其工程團隊

同事出面解畫，我也覺得並非尋常。

按港鐵公司事發後於 2014 年 5 月向立法會鐵路小組提交的文件及之後其董事局獨立委員會於同年 10 月發表的最後報告書可知，其實早在 2014 年 1 月港鐵內部已有預測，高鐵工程會遲至 2016 年才能完工，當中西九龍站和跨境隧道工程的進度和難度屬關鍵因素。公司管理層儘管有向董事局提及高鐵工程上面對的挑戰，但其一直的口徑仍是有信心按既定通車目標時間和在成本預算內（on time and within budget）完成項目。到 2013 年 12 月，港鐵管理層應已知悉西九龍站無法如期啟用（甚至是局部啟用），而須延至 2016 年 5 月，可是他們卻一直未有知會政府。而自 2013 年 12 月起，亦即港鐵仍在向政府堅持於 2015 年通車的 11 月 21 日會議後不久，港鐵管理層內部已就各個不同的高鐵延誤通車之情景和方案作出評估，包括相關時間表及費用等，但也一直未有及時讓政府掌握情況。我認為，這並非港鐵在委託協議下對政府作為委託方應有的誠實、信任和須及早溝通的表現。對此，我深感遺憾。

慘痛教訓，善後工作

媒體及議員批評路政署監管不力，可以理解。不過，雖然在其

監核顧問協助下，路政署理應大致上知悉各工程合約的進展和所遇困難，並意識到有實在的延誤風險，可是在缺乏港鐵提供較全面而精準的整體工程進度分析和預測下，未能及早發現延誤的嚴重性。路政署知悉部分工程出現不同程度的滯後，亦一直敦促港鐵積極採取緩解措施追趕工程，但一般而言個別工程部分的滯後不一定代表工程整體時間表最終會有延誤，而直至 2014 年 4 月，港鐵仍一直向政府強調高鐵可望於 2015 年內完工。

2015 年 1 月，由夏正民法官主持的獨立專家小組發表報告，就工程延誤對港鐵責難至大，批評高鐵項目的工程管理有欠周全，缺乏施工計劃風險評估，只聚焦和匯報個別工程合約的進度，而沒有一個工程總綱計劃以輔助監督，連政府也蒙在鼓裏。小組也同時批評路政署監管力度不足，一直依賴港鐵的保證，認為署方「可做得更好」。署長接受批評，並透過部門內部人手調配，加強對高鐵項目的監督。無論如何，最終來說，港鐵公司才是項目管理人，與承建商有直接監督關係，負責管理和協調各個工程合約，並獲政府給予近 46 億元項目管理費及聘用達七百人團隊去執行相關責任，而路政署則扮演 check the checker 的角色，並非去取代港鐵在委託協議下應有的對工程合約施行的監督角色，其鐵路拓展處轄下負責監察高鐵項目的工程人員批准編制也只有十多人而已。

　　是次事件亦暴露了「服務經營權」模式的缺陷，過於一廂情願。這模式建基於政府作為項目業主對港鐵作為項目管理人的能力和表現的高度信任，以及港鐵公司對本身責任的認真履行，包括各工程合約的監管，以及對整體鐵路項目的工程協調和成本控制。若有關前提因種種原因而不兌現，如港鐵因自己並非業主而減低其抓緊工程進度和開支的財務誘因的話，則政府便有成為輸家、承受為成本失控「包底」及承擔項目延誤所帶來的經濟和非經濟損失的風險了。雖說政府仍可追究責任和追討損失，但也要視乎委託協議內容的寫法，而且就算追討成功，金錢賠償並不能完全抵消非經濟性的損失的。因此我在事後向立法會的專責委員會作供時表示，將來不應再採用此模式去推展新的鐵路項目。

　　我在 2014 年 5 月 19 日鐵路小組會議上聲明，在處理高鐵事宜上，我一直秉持尊重和信任專業的原則，過去提交立法會所有關於高鐵的報告，也是基於路政署的專業匯報和判斷，從來沒有「政治凌駕專業」。對於港鐵公司最終追不回工程進度，當然我是感到失望，我們既不會隨便放棄既定的目標，並一直敦促港鐵公司加緊追趕工程，但若經再三努力也無法克服客觀困難，就應實話實說，這才是專業態度。若我們不問情由而不接受任何的滯後或延誤，試問有誰願意當工程主管？誰敢講真話？

在進行調查及檢視高鐵工程嚴重延誤的同時，政府須重新上路，跟進善後工作，這分四方面：

（1）**加強監管**：路政署從部門內抽調其他人手，強化其高鐵項目團隊，又增加監核顧問的參與角色；同時，我決定把運輸及房屋局原本每半年一次向立法會鐵路小組匯報新建鐵路項目（包括高鐵）進展情況，改為每季一次，並將港鐵和政府的報告分開，政府若不完全認同港鐵的評估，須指出讓議員知悉，這樣做可加強議會的監察角色。

（2）**改善、整頓港鐵公司的管治**：履行政府的大股東權責，促使港鐵董事局下新設工程委員會和風險委員會以加強對管理層的監督，落實非執行董事合理輪替，增加新的政府董事和非執行董事，更換行政總裁，檢視公司的工程監督機制，以及確定在發展內地和海外國際業務之同時，須以本港鐵路業務為優先。

（3）**追究港鐵作為高鐵項目管理人的責任**：我完全明白社會上對高鐵項目出現嚴重延誤和超支的不滿，政府也不滿意港鐵在項目管理上的表現，因此決定會按照委託協議追究港鐵公司應負的責任及追討有關損失，並由律政司外聘資深大律師協助跟進。

（4）**重新確定高鐵開通時間表和工程費用**：敦促港鐵盡快全面檢討高鐵工程進展情況後確定「修訂目標完工日期」和「修訂委託費用」，若出現超支，便須向立法會交代及尋求追加撥款，但這不會影

響政府將來向港鐵作出責任追究和損失追討行動。

事後總結，高鐵嚴重延誤事件，令港鐵公司陷入前所未見的企業誠信危機，政府也迴避不了監管不力的指控，雙方皆吸取了慘痛的教訓。事實並非如一些媒體、議員和評論所言是政府與港鐵之間「合謀隱瞞」。真相一是，因為過去港鐵公司建造鐵路往績良好，令其自信過高，而政府方面包括路政署，又或許過分信任港鐵及其工程管理制度，而給予港鐵太多的 benefit of the doubt。真相二是，政府當初接納了顧問建議採取 check the checker 的監管方式作為機制，並因而只給予路政署作為項目監管人有限的資源人手，根本不可能做到深入監督的作用。於是當出現問題時，遂兩頭的監督皆見失效。

參考閱讀

1. 運輸及房屋局提交立法會參考資料摘要「廣深港高速鐵路香港段：撥款安排和特設安置方案」，2009 年 10 月。

2. 運輸及房屋局提交立法會財務委員會工務小組委員會討論文件「總目 706－公路運輸 - 鐵路，53TR－廣深港高速鐵路香港段－鐵路建造工程」，PWSC(2009-10)68，2009 年 11 月。

3. 立法會個別政策事宜資料庫【交通】:「廣深港高速鐵路香港段」，立法會

網站，legco.gov.hk。

4. 運輸及房屋局提交立法會交通事務委員會鐵路事宜小組委員會討論文件「廣深港高速鐵路香港段工程的最新狀況」，CB(1)1328/13-14(03)，2014年 4 月。

5. Mass Transit Railway Corporation Limited, *First Report by the Independent Board Committee on the Express Rail Link Project*, July 2014.

6. Mass Transit Railway Corporation Limited, *Second Report by the Independent Board Committee on the Express Rail Link Project*, October 2014.

7. Independent Expert Panel, *Report of the Hong Kong Section of the Guangzhou-Shenzhen-Hong Kong Express Rail Link Independent Expert Panel*, released by Government on 30 January 2015.

8. 立法會調查廣深港高速鐵路（高鐵）香港段建造工程延誤的背景及原委專責委員會，《調查廣深港高速鐵路香港段建造工程延誤的背景及原委報告》，2016 年 7 月 6 日。

9. 運輸及房屋局局長張炳良於立法會調查高鐵工程延誤專責委員會聆訊上開場發言，SC(4)(XRL) 文件 W18(C)，2015 年 12 月 21 日。

第 九 章 ——

高鐵開通的關鍵：
追加工程費用、一地兩檢通關安排

　　高鐵嚴重延誤事件發生後，政府敦促港鐵盡快全面檢討高鐵工程進展情況，以確定「修訂目標完工日期」（Revised Programme to Complete, Revised PTC）和「修訂委託費用」（Revised Cost to Complete, Revised CTC）。若出現超支，便須向立法會交代及尋求追加撥款，使不進一步影響高鐵香港段的開通時間。

高鐵超支

　　2014 年 5 月，港鐵公司向立法會鐵路小組交代高鐵工程延誤時表示 PTC 改為 2017 年 10 月，其後於同年 7 月告知路政署 CTC 修訂為 715 億元。當時政府不敢貿然接受有關修改，要求港鐵提供進一步所需資料，並請路政署之監核顧問協助核實資料及港鐵的估算。至 2015 年 6 月，港鐵再修訂高鐵的 PTC 為 2018 年第三季，包括六個月的緩衝時間在內，即比立項後委託協議下的目標時間 2015 年 8 月，推遲達三年以上；以及再修訂 CTC 為 853 億元，比原批之項目委託費用 650 億元，超出三成以上，其後經過路政署連同監核顧問嚴謹及仔細審核，扣除 8.8 億元至 844.2 億元，主要的扣減涉及調低項目管理費和備用資金及刪除第二期月台工程的有關費用。政府除須向立法會尋求批准追加委託費用撥款 194.2 億元外，也需追加政府相關開支（包括路政署監管項目所需）1.825 億元，合共 196.025 億元。

我很清楚，高鐵既嚴重延誤，現且嚴重超支，須尋求立法會批准追加撥款，必然引發另一場政治風暴，當年反對高鐵的黨派議員，新仇舊恨，不全力攻擊抵制才怪，建制派議員也會受到很大政治壓力，埋怨政府把關不力。我在運輸及房屋局內把此役定位為最大危機，處理上要求周全部署，不容有失，與港鐵的相關商討堅守強硬立場以盡量維護公帑利益，並要不分黨派與所有立法會議員充分溝通，包括單對單會晤。特首及三位司長亦透過我在 3C 會上的匯報及時了解情況，予以此事政治優先關注和跟進。

當務之急是及早追加撥款，避免高鐵工程「停工」、「爛尾」，因為「爛尾」的社會代價實在太大了。但我們也需預留足夠時間，在撥款「死線」前予立法會鐵路事宜小組委員會、工務小組委員會及財務委員會充分質詢（「拷問」）時間，包括一些反對派議員會用終止討論、點算出席人數、拉布和修訂議案等手段，阻礙通過追加撥款。我們定下策略，必須向社會清楚說明高鐵的效益及為何不能停工，冀以公共利益說服議員們縱使不滿港鐵的表現仍應以大局為重，先批准追加撥款，後追究港鐵責任。由於當時距離高鐵立項之 2009 年底 / 2010 年初已近六年，在政治戰火重燃下，我們得再度論述高鐵的效益，並設法為給予港鐵的委託費用「封頂」。

高鐵香港段能否開通，對香港未來的經濟發展有重大意義。高鐵
網絡不斷擴充至通達全國各地，勢將重定中國經濟活動分佈的版圖，
香港欲維持現有優勢，吸納全國加速發展所造就的新商機、避免邊緣
化，在戰略上就必須接上內地高鐵網，擴大與內地腹地的協作，強化
作為國家南大門的關鍵性樞紐地位。高鐵帶來的經濟和社會效益是
多方面的，單是直接經濟效益（主要是乘客時間的節省），在通車後
五十年營運期內，按 4% 折現率至 2015 年之價格計算，其經濟內部
回報率（Economic Internal Rate of Return, EIRR）為 4%，仍屬不錯，
高於《鐵路發展策略 2014》下七個新本地鐵路項目初估整體 EIRR 的
2%。

我絕不擔心高鐵會變成「大白象」。有人根據政府所作的客流量
預測，因估計由香港往深圳及廣州的乘客比例佔多，達七成，而懷疑
高鐵香港段只具短途快速實效。我認為這屬於較靜態的保守估計，只
主要從過去（並無高鐵下）的跨境出行人次、終點和模式去作推算，
當中雖有顧及社會經濟發展的因素，但未能充分計及 supply-induced
demand（供應驅動的需求）的效應，即當有新服務、新產品推出時，
所衍生的新需求和新增客流，而按海外一些經驗可達 20% – 30%；
而且，高鐵的優勢最終體現於來回中長途城市，這才是新客流來源。
可以預見，高鐵通車後五至七年，整個香港和內地高速連繫的圖像將

出現大大的變化，為香港下一階段的發展注入新動力。上世紀九十年代，在赤鱲角興建新的國際機場，同樣有悲觀主義者質疑其效益，擔心兩條跑道的設計容量過多，會變成大白象，但二十多年後的事實證明了他們當年的短視。當然，高鐵香港段如何充分發揮效益，也視乎將來是否營運有道，以及由香港始發往內地各城市的中長途列車服務的分佈和多寡。

　　交通運輸基建延誤超支，在世界上並非毫不尋常。以德國人的強烈時間觀念和豐富工程經驗，2006 年開始建造、原定 2010 年底啟用的柏林 Brandenburg 國際機場，現在竟然最快要到 2020 年甚或 2021 年才落成啟用，至今已超支達 240%！2004 年三位丹麥學者專家經研究發現，[1] 20 個國家 258 個運輸基建項目中，九成超支，平均為 28%；當中以鐵路項目為最，平均達 45%；其次為橋隧項目，平均為 34%，而一般公路項目則平均超支 20%。當然超支因素很多，不能一概而論，故高鐵的具體情況及港鐵公司的工程監管制度和表現出了什麼問題，須具體探究，這也是政府所保留的權利。由於政府與港鐵

1　　Bent Flyvbjerg, Mette K. Skamris Holm and Soren L. Buhl, "What Causes Cost Overrun in Transport Infrastructure Projects?", *Transport Reviews,* Volume 24, No. 1, January 2004, pp. 3-18.

之間存在分歧，不排除透過法律程序去解決，包括根據委託協議訴諸仲裁；但是，為了不影響非常緊迫的施工時間表，雙方同意留待 2018 年高鐵完工通車後才啟動有關程序。

根據政府 2010 年 1 月 26 日與港鐵公司簽署的委託協議，政府可透過法律程序就高鐵工程的延誤向港鐵提出申索，但港鐵的總累積「責任上限」，僅限於政府已付給及將付給它的總費用，即項目管理費用。我覺得當年協議中如此規定，對於政府並不完全公道。經過與港鐵多番磋商，於 2015 年 11 月 30 日與港鐵簽訂就解決高鐵延誤超支的補充協議，據此政府保留於高鐵工程完成後，透過仲裁向港鐵追究所保證事項和應負責任的權利，以及就港鐵上述的「責任上限」條文提出異議。如果屆時仲裁結果裁定此責任上限無效，則港鐵便不會受制於該上限並須全數支付仲裁認為它應該負擔的責任總額。如果仲裁確定港鐵上述的責任上限仍屬有效，不過若在無責任上限下港鐵就超支應負之責任超過此上限，則港鐵會召開公司特別股東大會，尋求政府作為大股東以外之獨立股東同意支付超過責任上限的款額；但是，若獨立股東不予同意的話，港鐵仍只須負擔相等於責任上限的責任總額，當然這樣做會影響公司的公信力和聲譽。

在與港鐵商討超支如何善後時，我排除一般向立法會尋求通過追

加撥款的做法，因為我深明事情的高度政治性，故堅持先就增資（即予港鐵的委託費用）「封頂」，迫令港鐵也要為其工程管理表現負上一定的風險，這樣才能較有把握取得廣大市民接受及爭取建制派議員支持。經過多番商討及利害評估，港鐵公司董事局（在無政府董事參與下）接受政府的要求，願意在 884.2 億元（即 Revised CTC）水平封頂，將來若再有進一步超支，則由港鐵自行承擔和支付，為此雙方於 2015 年 11 月簽訂上述補充協議。補充協議須得公司特別股東大會通過，而政府雖為大股東，但因屬利益相關之一方，故不能出席及投票。董事局提出計劃派發特別股息每股 4.4 元，但條件是立法會通過追加撥款使高鐵項目得以進行下去。2016 年 2 月 1 日，特別派息計劃及補充協議獲特別股東大會通過，政府按所持股份共約有 195.1 億元派息收入。我們清楚向立法會和社會表示，上述就解決高鐵超支所達成的安排，乃是在種種限制和現實考慮下得出來的務實可行方案。

向立法會尋求追加撥款批准

有了這個安排後，接着是爭取立法會財委會在所謂「死線」前通過追加撥款。根據委託協議，在港鐵公司告知政府委託費用何時將超出預期工程項目總額（Project Control Total，即 650 億元）時，政府便須為超出之金額尋求資金以完成餘下工程。2016 年初，港鐵向政府

表示，估計委託費用將於年中左右耗盡，但我們不可能等到最後一刻才批出撥款，理由是若然需要停工，亦會涉及一大筆直接支出去處理工地保護、檢查和維修、解僱工程人員之補償、承建商向港鐵公司和政府索償因停工引致之直接及間接損失等等，因此政府方面於 3 月左右便要考慮是否需要暫停工程，故我們預留兩三個月去走立法會的撥款程序。

暫停工程的後果十分嚴重。若然停工，大部分勞工約 5,000 多人會即時受影響；若全面終止工程合約，則全部 7,700 多人會受影響。停工或爛尾不但失去高鐵通車原本可帶來的效益，更會導致數十億至300 億元計的額外費用及申索。當時估計，叫停工程後每月仍需支付2.33 億元暫停工程的費用；若按合約 180 天後正式終止工程，終止費用將達 48 億元；若終止工程後將來再決定恢復動工完成項目，則會比委託費用多付 282 億元，而重新招標愈遲，屆時標價可能更高；假若終極爛尾、全面放棄項目，則不單原來的 650 億元工程支出白費，還需至少 160 億元去處理工程爛尾的相關善後費用，且政府仍須向立法會申請額外撥款。再者，一旦啟動了暫停工程，所涉之額外費用並不在政府與港鐵所同意的 844.2 億元「封頂」額內，而 2018 年第三季的修訂完工通車日期便守不住，須再推遲。可見，在此完工可期的關鍵時刻，無論是停工或爛尾，社會都會是大輸家，是賠了夫人又折兵。

　　建制派議員雖然對高鐵工程嚴重延誤超支不滿，更不滿港鐵公司的表現，不過仍認同不應阻延追加撥款；但是泛民議員則全面反對高鐵追加撥款，視為他們的政治主戰場，在工務小組會議上不斷利用各種會議程序去拖延審議及阻止投票。我認為如此下去不是辦法，因為已愈來愈接近「死線」，必須議而有決，故唯有在 2016 年 2 月 2 日第六次工務小組會議尚無結果後，宣佈把撥款申請直接提上財務委員會審議。財委會上泛民議員故技重施。當時我已作好應急預案，一方面要求港鐵公司為「暫時停工」作好準備，另一方面若至「死線」仍不獲財委會投票通過追加撥款而被迫宣佈停工，我便須承擔政治責任，包括為此請辭。我並無懸念，而我相信假若出現如此局面，泛民議員也要付出政治代價，因為民調顯示，社會上較多數人支持高鐵，他們會去追究責任的。可幸最後，追加撥款在經歷財委會上多番折騰及泛民議員猛烈質詢、拖延下，終於在 3 月 11 日會場一片混亂中被通過。政府逃過一劫。

「一地兩檢」通關安排

　　前屆（曾蔭權）政府為高鐵立項時，提出於西九龍站設立「一地兩檢」安排，同於一站內辦理香港方和內地方的通關程序，包括海關、出入境和檢疫，英文是 customs, immigration and quarantine，

簡稱 CIQ。北上的乘客在西九龍站完成兩地 CIQ 通關後便可直達全國各地，無須再下車清關，而南下乘客不管來自內地哪個有高鐵接駁的城市，無需設有口岸而皆可在抵達香港西九龍站時才進行 CIQ 清關，這個安排既省卻時間，也為乘客旅程提供最大的便利，亦可使高鐵香港段發揮其最大的運輸及經濟效益，鞏固香港西九龍站的高鐵「樞紐站」角色，與香港國際機場的「樞紐港」角色互相輝映，凸顯香港的區域性和全球性聯繫通達的作用。

若無「一地兩檢」，則 default（剩下必要）的安排就只能是「兩地兩檢」，即類似目前港穗城際直通火車的做法，在內地最接近香港選一個高鐵站設立內地口岸，例如深圳的福田站，如是則北上乘客須在福田站先下車辦理入境清關，之後再等候下一班離開福田北上的列車，而南下乘客也須在福田站下車先完成內地出境清關，之後再等候下一班離開福田前往香港的列車。這樣客觀上福田站便成為北上或南下內地清關必經的樞紐站，而高鐵香港段則淪為港深之間的快速城際列車而已，也不再存在需要安排一些由香港西九龍站始發北上到華中、華北的中長途列車了。若此，高鐵香港段的投資回報以及其運輸和經濟效益必會大打折扣。為了香港作為樞紐城市的長期利益，為了高鐵香港段的投資合算，我們應爭取在有充分法律基礎上能於西九龍

站實施「一地兩檢」。本來較為理想的做法當然是在高鐵 2010 年初項目立項時，便應一併處理好「一地兩檢」的法律安排，而非立項只講工程及融資，把落實「一地兩檢」的事宜懸着、容後解決，因為循上述道理言，若無「一地兩檢」，那麼仍應否投放鉅資去建一條港深城際快軌，甚成疑問。

「一地兩檢」之所以構成政治爭議，關鍵在於法律上能否在符合特區《基本法》下實施穩妥可行的「一地兩檢」安排。有關問題，法律界中存在分歧意見，我並非法律專家，在此只能從一個施政和解決問題的角度着眼，分享我的一些觀察和見解。

海外早有先例

在海外，在互利互信的前提下，國與國之間為跨境的交通運輸連繫（民航、鐵路）實行某種「一地兩檢」早有先例，而不損各自的國家主權、國家安全及司法管轄權利益，儘管具體的法律安排不完全一樣。以英國和法國之間的協議而言，包括容許在對方國境內執行本國入境清關程序時，兩國各自人員可行使其本國的相關法規，並為此在指定的「控制區」範圍內擁有依其本國法律所賦予的扣留權和拘捕

權。[2] 與英法之間做法不同的是，香港高鐵「一地兩檢」安排下，北上南下雙向均以香港的西九龍站為同一口岸點，換句話說，內地人員在特區境內指定口岸範圍內對進入內地境和離開內地境的人士皆行使相關內地法規。香港與內地其實也早已在深圳灣口岸實施類似的「一地兩檢」，且經驗十分正面，為廣大旅客所肯定，唯一不同的是，香港口岸與內地口岸合設於深圳境內，而特區法律在這處於內地境內的指定特區口岸範圍內全面實施，由兩地透過各自立法／法律賦予有關安排的效力。

既然兩國之間也可以實施「一地兩檢」而不囿於傳統上主權和法律／司法管轄權的限制，為何在同屬「一國」下的「兩制」之間實行「一地兩檢」卻爭議這麼多？這涉及對《基本法》的詮釋。固然，高鐵在西九龍站實施「一地兩檢」，大前提必定是既不違反「一國兩制」原則，也不違反《基本法》，因此不存在要於「一國兩制」和「一地兩檢」之間作一選擇，也不會為了只顧追求高鐵經濟效益而去破壞

---

2   詳見 *Protocol between the Government of the United Kingdom of Great Britain and Northern Ireland and the Government of the French Republic Governing Frontier Controls and Policing, Co-operation in Criminal Justice, Public Safety and Mutual Assistance Relating to the Channel Fixed Link*, Sangatte, 25 November 1991, London: HMSO, Treaty Series No. 70 (1993), Cm. 2366.

「一國兩制」。我參與處理「一地兩檢」問題的五年過程中，一直抱有兩個原則性的見解：

（1）就像憲法學上憲法應是「活憲法」（living constitution）的概念，《基本法》作為香港特區的所謂「小憲法」也應同樣看待，就是它應具備足夠的靈活性和包容性，從《基本法》整全的角度（in totality）去讓香港按其條文背後的原理和「一國兩制」的原則去處理未來幾十年發展所需解決的各項事宜，而非固化地把一切停留在 1990 年《基本法》通過之時的情況，否則《基本法》便成為約束香港長遠發展的緊束衣（straitjacket）而非賦權器（enabler），無法按香港社會意願行使國家透過《基本法》所賦予的高度自治權。當然，以「活憲法」角度詮釋《基本法》不會是毫無限度的，若涉及一些較根本性的問題而無法按此處理，還是要走修改《基本法》之途的；而且，任何憲制性法律最基本的是保障公民的權利包括人權。

（2）「一地兩檢」的法律安排和具體操作，應建基於「必不可少」（minimalist）的原則，並符合兩地的法律制度，以減少在「一國兩制」下的不必要爭議。

特區政府與中央部委商討「一地兩檢」相關的憲制、法律和操作

問題非常複雜，前後共七年，跨越政府屆期和人事，討論過程反反覆覆，但基於遵守官方資料保密規定（已予公開者除外，如政府提交立法會的各項文件），我在此不能一一細說。不過可以清楚說明，在西九龍站實施「一地兩檢」，無可避免涉及須在站內劃出內地口岸區範圍，容許內地人員執行內地的相關法規。不過，上屆政府在處理此事時已表明，無意把深圳灣口岸的「一地兩檢」模式簡單地複製於西九龍站，因為情況並不完全一樣。

縱使是在有限的空間範圍、有明確的執法目的和受到明確的規範，社會上有人（包括政黨和議員）為了避免見到內地人員在特區境內執法，遂提出另類方案，如所謂「車上檢」方案，意即北上離港後和南下抵港前，讓內地人員在列車於內地行駛途中為乘客辦理通關程序；或傳統的「兩地兩檢」方案。特區政府和內地部門均曾考慮過此兩方案，但結論是「車上檢」缺乏可操作性，因為存在種種空間和技術限制，而且由港深邊界至福田站的車程僅有三分鐘，根本做不來。而「兩地兩檢」等於局限乘客只可在設有口岸的內地車站下車或上車，嚴重影響客流需求，且內地不可能單為了香港而在眾多不同城市的車站皆設置口岸設施和人手編制，因不切實際，到頭來只能變成在最靠近香港的車站（如深圳福田站）「一站清關」，如此則此站便取代西九龍站成為樞紐站了，大大削弱高鐵香港段的運輸和財務效益，又

會減少乘客便捷度，並不可取。

　　我們也曾探討所謂「南北行分站一地兩檢」的可行性，即北上在西九龍站同時辦理兩地通關程序，南下則在福田站辦理兩地通關，因一般認為南下離開內地境問題較多及較複雜。這樣的中間方案最大問題在於，南行乘客均須在該離境口岸站中途下車辦理內地出境及香港入境程序，然後重新登車，對乘客帶來不便，也會影響南下到港列車的吸引力，不符合運輸及經濟效益。

「一地兩檢」的憲制和法律基礎問題

　　至於實施「一地兩檢」的憲制和法律基礎問題，特區政府與中央部委曾探討過不同做法的需要和可行性，當中包括修改《基本法》、依據《基本法》第 18 條把內地通關程序的相關法律列入附件三以在特區境內的內地口岸區範圍實施，以及另立新的專門應用於在香港「一地兩檢」的全國性法律並循《基本法》第 18 條列入附件三。修改《基本法》是重大舉動，故不應輕言修改。引用《基本法》第 18 條涉及對該條所述「有關國防、外交和其他按基本法規定不屬於特區自治範圍的法律」如何詮釋，其中一種法律觀點是，《基本法》所述的全國性法律，乃指對整個特區範圍適用，如國旗法、駐軍法等，而非只

在特區境內某個特定地點（如西九龍站內的內地口岸區）才適用，故「一地兩檢」所涉及的相關內地法規並非《基本法》第 18 條所指那種意義的全國性法律。

最後，一個根本考慮是為達成實施「一地兩檢」所作的法律和操作安排，是否仍屬於特區自治範圍。

按全國人大常委會於 2017 年 12 月 27 日通過的《關於批准〈內地與香港特別行政區關於在廣深港高鐵西九龍站設立口岸實施「一地兩檢」的合作安排〉的決定》確認，特區政府與內地作出的「一地兩檢」安排，是依法行使高度自治權的具體體現。這個詮釋背後的精神，類似其他國家實行兩國之間「一地兩檢」條約安排的精神。特區把西九龍站內地口岸區範圍，包含查驗區、候車區、月台以及列車車廂內，在法律上「視為」（deem as）「香港特區範圍之外」，使能實施「一地兩檢」通關涉及的內地法規，唯內地口岸區內的民、商事宜仍繼續實行特區法律。

按上述的《合作安排》，原則上，於內地口岸區內由內地管轄的事項適用內地法律，由內地法院行使司法管轄權；由香港特區管轄的事項適用特區法律，由香港法院行使司法管轄權。這樣，不會出現司

乘客在西九龍站的路線圖

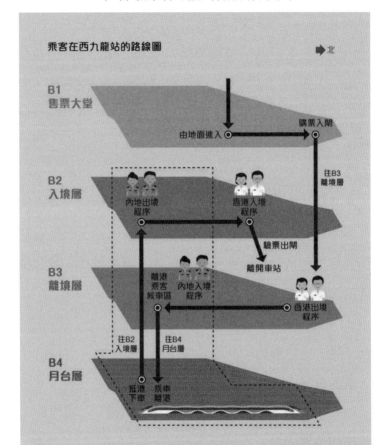

圖片來源：立法會CB（2）1966/16-17（01）號文件——「廣深港高速鐵路香港段清關、出入境及檢疫安排」，第27頁。

法管轄權的重疊，亦不會出現法律真空，以免產生混亂。須指出，容許依法在西九龍站（而非邊界）設立內地口岸，雖屬特有的安排，但對於進出內地的旅客及其隨身物品行李而言，其法律責任和權利跟於其他（一般的）內地口岸無異。兩地政府簽訂合作協議後，要待完成兩地必需的法律程序才能生效。在香港方面，由特區立法會通過相關法案去體現，若立法會不通過本地立法，則「一地兩檢」便會難產。這樣的安排，跟前文提及兩國之間的「一地兩檢」賦權做法相近。而全國人大常委會決定的最重要作用，在於確認兩地協議符合國家憲法和特區《基本法》，並從內地方面規定由國務院批准派駐有關機構和人員自西九龍站內地口岸區啟用之日起依法履行職責，並強調他們不能在內地口岸以外區域執法。

綜合來說，上述實施「一地兩檢」的安排，有其背後的法律解說和邏輯。反對者當中，當然有基於持不同法律觀點及對《基本法》之詮釋的，但似乎更多乃從政治上否定「一地兩檢」，視內地人員在西九龍站內地口岸區內進行通關執法為洪水猛獸、破壞「兩制」。正如我當局長時經常說：凡事若無互信，則跨境問題便不易解決。

參考閱讀

1. 運輸及房屋局提交立法會交通事務委員會鐵路事宜小組委員會討論文件「廣深港高速鐵路香港段」，CB(4)280/15-16(02)，2015 年 11 月。

2. 運輸及房屋局提交立法會財務委員會討論文件「基本工程儲備基金：總目 706－公路運輸－鐵路，53TR－廣深港高速鐵路香港段－鐵路建造工程」，FCR(2015-16)46，2016 年 2 月。

3. 律政司、運輸及房屋局、保安局提交立法會交通事務委員會、保安事務委員會和司法及法律事務委員會討論文件「廣深港高速鐵路香港段：清關、出入境及檢疫安排」，CB(2)1966/16-17(01)，2017 年 7 月。

4. 全國人民代表大會常務委員會關於批准《內地與香港特別行政區關於在廣深港高鐵西九龍站設立口岸實施「一地兩檢」的合作安排》的決定，2017 年 12 月 27 日，新華網，xinhuanet.com.

第十章

香港的樞紐港優勢
有賴陸海空對外聯繫

自英治時期起，香港便是西方國家尤其是英國對華貿易的主要港口，一直扮演重要的中轉港／轉口港（entrepôt）角色。在九七回歸的歷程中，香港的這個地位備受國家重視。

上世紀八十年代，內地在經濟上推行改革開放，一方面吸引港商投資，從此為港商開拓龐大並具無限潛力的大陸市場，造就香港自六七十年代經濟起飛後另一躍進的機遇；另一方面也肯定了香港經濟發展模式對內地經濟改革的參考或典範作用，故當時鄧小平便曾鼓吹在內地多建幾個「香港」。後來，香港製造業全面走進內地發展，善用內地較充裕的土地供應去建設廠房和較低廉的勞工去擴大生產及出口，也在香港新一代專業人才培訓的配合下，藉機促進本地經濟產業結構升級轉型，邁向第三產業包括金融和較高增值的服務行業的發展，至九十年代達致經濟表現的頂峰，成為國際金融中心和商貿中心，也是全球最繁忙的貨櫃港口。[1]

---

1 香港的首位於 2005 年被新加坡取代，而上海又於 2010 年取代新加坡成為全球最繁忙的貨櫃港。

九七回歸香港經濟地位不變

　　國家的政策是在九七回歸後延續香港作為「經濟城市」和面向世界的樞紐港地位，因此在特區《基本法》第五章「經濟」部分多處突出香港的經濟自主和自由，包括保持財政獨立、保持國際金融中心地位、保持自由港地位、自行制定貨幣金融政策、自行發行港幣並保持其自由兌換、保持為單獨的關稅地區，並可以「中國香港」名義參加國際關稅和貿易組織以及國際貿易協定等。第五章第三節「航運」保持香港原有的航運經營和管理體制，及經中央政府授權繼續以「中國香港」的名義進行船舶登記；第五章第四節「民用航空」保持香港的國際和區域航空中心的地位、自行負責民航管理、經中央政府授權可續簽或修改原有的民航協定和協議及談判簽訂新的民航協定（即所謂「航權」事宜），以及對在香港特區註冊並以香港為主要營業地的航空公司（即所謂「本地」航空公司）簽發執照等。

　　上述憲制安排和相關的國家政策，確保了香港的全球性樞紐港地位得以延續發展。

　　回歸以來，香港雖然經歷了幾次重大衝擊和危機，包括 1998－2000 年亞洲金融風暴及其引發的經濟衰退和房地產市場大崩盤、2000

年科網股泡沫爆破、2002－2003 年「沙士」（SARS, Severe Acute Respiratory Syndrome，嚴重急性呼吸道症候群）疫症爆發加深經濟蕭條，以及 2008－2009 年全球金融危機等，但是整體經貿其實在過去二十年仍大致上保持增長，2016 年 GDP（本地生產總值）達 2.5 萬億元（3,200 億美元），較 1997 年累計名義增長 81%；人均 GDP 為 33.9 萬元（約 4.35 萬美元），同期增幅達六成。2016 年，香港為全球第七大商貿經濟體，進出貨貿總額達 75,966 億元（9,787 億美元）。同年，吸納外來直接投資流入達 1,080 億美元，全球排行第四，在亞洲僅次於中國內地（1,340 億美元）；在向外直接投資流出方面，於亞洲排於中國內地和日本之後，額量 620 億美元。

現時，近 8,000 家海外和內地公司在香港設立了地區總部、地區辦事處或當地辦事處，其中地區總部近 1,400 家。2016 年，空運貨物吞吐量和乘客處理量分別達 494 萬公噸和 7,290 萬人次，為 1997 年的約 2.8 倍和 2.6 倍。至於港口貨櫃吞吐量，則由 1997 年的 1,457 萬個標準箱增至 2017 年的 2,077 萬個標準箱（Twenty-foot Equivalent Unit, TEU），過去十年間有起有跌，但大多是維持於 2,200－2,300 萬個標準箱左右水平。

在五年運輸及房屋局局長任期內，我其中一個主要任務是鞏固並進一步提升香港對外的陸海空交通運輸連繫，使能在面對全球特別是區域競爭下，維持及改善香港的整體競爭力，以保持香港作為區域性樞紐的優勢，並在國家「一帶一路」倡議和粵港澳大灣區合作規劃下更好地掌握新機遇，為香港經濟帶來進一步發展的新動力。值得注意的是，世界經濟論壇進行的全球競爭力研究報告，連續八年把香港的基建（當中交通運輸基建佔重要部分）評為全球第一，乃香港在此研究中唯一獲評首位的環節。

陸路跨境連繫及西部連接

陸路方面，除了既有六個跟內地連接的跨境口岸，即羅湖、沙頭角、文錦渡、落馬洲、落馬洲支線及深圳灣外，預料 2018 年可加開蓮塘／香園圍口岸（由發展局負責推動興建），屆時可大為提高跨境交通的人、車處理流量。而且，廣深港高鐵香港段將於 2018 年第三季通車，把香港與國家高鐵網絡連接起來，由於在西九龍站實施「一地兩檢」通關安排，香港將成為處於中國南大門的高鐵樞紐站，大大加強其在區域客運交通上的功能和競爭力。與此同時，港珠澳大橋亦於 2018 年建成通車。相對於珠三角的其他地區，香港與珠三角西部的交通長期以來主要依靠水路交通，港珠澳大橋建成後，東面接駁香

港，西面接駁澳門及珠海，可以大幅減省陸路客運和貨運的成本和時間；例如，若取道大橋，珠海與葵青貨櫃碼頭之間的行車時間由約3.5 小時縮減至約 75 分鐘，節省近 65%，而珠海至香港國際機場的行車時間則由 4 小時大減至 45 分鐘，減幅超過八成。

港珠澳大橋是首個連接粵港澳三地的跨境運輸基建項目，把珠三角西部納入香港三小時車程可達的範圍內。珠三角西部人力和土地資源充裕，能為港商提供大量拓展內地業務的良機，物流方面相信會尤其突出，有助提升香港作為區域物流、貨物集散和商貿中心的地位。再者，港珠澳大橋的開通，將帶來珠三角西部經濟發展的新動力，並為香港打開直往珠三角西部以至中國西部（如廣西、雲南）的貿易物流商機，並能循此路徑開闢陸上通道西往越南及其他東南亞地區。從此香港與內地的陸上跨境連接，不再限於珠三角東部如深圳等傳統（及較早開放）的發展地區，會左右未來香港向內地發展和尋求互利合作的戰略方向和格局。

事實上，香港最重要和戰略性的運輸基建皆位處西部，如大嶼山香港國際機場、葵青貨櫃港、港珠澳大橋香港口岸等，在在配合香港西部未來發展成為重要的區域交通運輸「超級樞紐」（regional mega-hub），特別是在粵港澳大灣區的新規劃願景下。上屆政府重視大嶼山

的巨大發展潛力，策略性定位為：珠三角的國際運輸、物流及貿易樞
紐；大珠三角地區和亞洲的服務樞紐；大嶼山與香港島之間中部水域
的策略性增長地區及新的大都會，以及自然資產寶藏。[2] 假如將來能全
面落實大嶼山發展藍圖，包括生態旅遊、物流及建造人口達七十萬的
東大嶼都會，並設大型道路和軌道系統連接至香港其他地區，則西部
會成為下一個三十年香港的發展重點區域，一如過去發展新界西北和
新界東部一樣，可為香港樞紐港的下一階段發展提供新機遇。

上屆政府又同時推動研究機場島北面商業區及港珠澳大橋香港口
岸人工島上蓋建設，以配合機場擴建和港珠澳大橋開通，發展旅遊、
酒店、零售、會展等服務。此外，新界西北部的洪水橋新發展區，也
會是香港新一代的新市鎮，並發展成為「區域經濟及文娛樞紐」及「地
區商業中心」，提供高增值的現代物流和創新科技等服務，創造十五
萬個就業機會。

2　詳見發展局《可持續大嶼山藍圖》，2017 年 6 月。

港珠澳大橋工程

在此，我想一提港珠澳大橋的工程。像高鐵香港段般，港珠澳大橋項目假如能早些年（如回歸初期）便能拍板興建，則一來成本可較低，二來更能切合香港本身的經濟發展及交通運輸需要。運輸及房屋局和轄下路政署肩負港珠澳大橋的港方工作，與廣東省、珠海、澳門當局緊密合作。港珠澳大橋乃世紀工程，完成之後是世界上最長的（跨海）橋隧項目，工程規模大、難度高，在設計及施工的過程中遇到不少技術上的挑戰。大橋項目的另一特點是它乃由廣東省、香港及澳門三地政府合作投資共建，建成後由三地政府共同營運管理，而在「一國兩制」下，因各有自己的制度、法規、程序和行事方式，所以在協調整個工程以至未來的營運上，都帶來創新和挑戰。

工程主體是位於內地伶仃洋的大橋主橋，橋隧全長 29.6 公里，由粵港澳三地政府成立聯合工作委員會（簡稱「三地委」）督導屬於內地法人組織的港珠澳大橋管理局負責設計和建造，港珠澳三地都興建連接路／橋通往大橋主橋，各自皆設口岸，而港方的口岸人工島就靠近機場島，有助促進大橋與機場在跨境陸空聯運上的協同效應。三方為本身工程自行融資及興建。由於港珠澳大橋屬國家級項目，所以除了上述「三地委」外，國務院亦成立了一個中央專責小組予以統籌

協調，由國家發展及改革委員會（發改委）一名副主任主持，成員包括粵港澳三方政府代表（港方是運輸及房屋局局長），以及中央相關部委，如港澳辦和交通運輸部等。大橋主橋因位處內地，按「屬地原則」由廣東省業務主管部門依內地法規和行業守則監督。除「三地委」外，三方相關部門也定期舉行工作例會，處理一些關於工程推展的重大事宜，包括工期管理、支出控制及工程和工地安全等。大橋主體工程造價約 381 億元人民幣，項目資金為 157.3 億元人民幣，而銀團貸款 223.7 億元人民幣。三地大抵上依立項時因應各自所得經濟效益按比例分攤注資，其後中央政府也有注資，最終內地出資 70 億元人民幣、香港出資 67.5 億元、澳門出資 19.8 億元，比例為 44.5：42.9：12.6。

在工程上，可以說以主橋的難度最高，尤其是其海底隧道段，涉及沉放共 33 個隧道管節入水深超過 40 米的海床，每一管節重 8 萬公噸，相等於一艘小型航空母艦，單是沉放便須考慮風速水流及伶仃洋複雜的海洋環境，技術難度很大，進度較最初預期為慢，而且須把各管節無縫接合，以確保通行安全。大橋的香港接線全長 12 公里，包括海陸高架橋、貫穿觀景山之隧道及沿機場東岸以填海造地建路。要在全球最繁忙機場之一的香港國際機場附近興建香港連接線，在設計和建造上均須克服各種困難和挑戰，如須符合機場高度限制要求等。

達 150 公頃的口岸人工島,其填海及沉降工程也殊不簡單,因涉及以非浚挖式填海,出現人工島海堤鋼圓筒頂部向外伸延情況,媒體誇張地形容為「人工島飄移」,路政署當時已公開解釋,這主要因為是次填海造陸考慮到環保需要而採取了新的技術方法,以大鋼筒插入淤泥層建造海堤,在中間位置填土,再在外面堆填海堤石,在預定位置形成永久海堤;因此,當加壓時,面層會向外延伸,但不影響底部穩固。而且,一般填海皆需時沉澱穩定,有所移動乃正常物理現象,當時經路政署及其顧問專家確認並未超出安全標準。

無論是內地的大橋主體工程,還是港珠澳三地各自的工程,即內地水域主橋、香港段、珠海段及澳門段,皆有不同程度工期上的延誤,原來以 2016 年為同步完工目標,但最後整體延後至少一年。我要指出,當中香港方面工程的落後並非如個別媒體聲稱「累到其他方的工程受影響,致整個大橋通車時間受阻」(意指香港「陀衰家」),這並非事實。由於保密必要,我不能透露其他各方的工程情況及哪一方的工作延遲最為嚴重,但對一些報道經常刻意矮化香港,我感到不忿。做成工程滯後的因素眾多,包括技術困難、極端天氣、環境保護、勞工短缺、施工安全考慮、工程界面銜接以至承建商表現等,而工程比預期複雜及滯後也同時帶來成本上升,即所謂超支問題,這在

世界各地大型基建工程並非罕見。而且，香港工程更曾於 2010 年遭到有人司法覆核而被迫延後動工近一年，2011 年 9 月上訴庭判政府得直後，政府決定修改施工方法壓縮工程時間，故當時路政署未有相應調整工期，「拍心口」力爭追趕工程。若顧及此因素，其實港方工程的實質進度相比之下已算是不錯。

船務及港口發展

香港海運業歷史悠久，至今已超過 150 年，多年以來發展成為國際海運中心，亦是亞太區重要的樞紐港和轉運港。目前，香港港口是全球第五最繁忙的貨櫃港，2017 年處理的 2,077 個標準箱貨運量中，近七成為轉運貨，內地轉運貨為四成。香港船舶總註冊噸位於 2017 年超過 1.1 億，掛「香港旗」的船舶超過 2,500 艘，全球位列第四。而且，香港註冊船隻的「港口國扣船率」（Port State detention rate，反映註冊地的監管質素表現）只為 0.81%，遠低於全球平均的 3.13%（2016 年）。目前，香港船東擁有的船隊，佔全球商船總載重噸位的 3%，全球排列第八。若計香港船東所管理及擁有共 2,100 多艘船舶，則總載重噸位佔全球商船約 10%。同時，香港享有獨特的優勢包括一個天然深水港和位於南中國的重要地理位置。

葵青貨櫃碼頭是全球連通性最好的樞紐港之一，每週有 330 個航班前往全球 470 個目的地。為維持香港港口的活力和競爭力，上屆政府落實了多項港口改善措施，包括把葵青貨櫃碼頭的港池和進港航道由 15 米挖深至 17 米，工程於屆內完成，讓大型貨櫃船可不受潮汐影響進出貨櫃碼頭。2017 年 4 月，香港迎來全球現役最大貨櫃船「商船三井成就」，屬 2 萬標準箱級別。與此同時，我們於 2013 年完成「香港港口發展策略 2030 研究」後，接受顧問的主要結論，即因應目前周邊港口的冒起及對海上貨運佔有額的增加，以及對未來十年全球海運走勢的評估，香港現有九個貨櫃碼頭已足以應付需求，目前無需考慮興建第十個貨櫃碼頭，不過就有必要進一步理順和強化香港港口現有設施及後勤用地以提升效率，增加現時葵青貨櫃碼頭的處理能力，以回應中期的需要。這便是上屆政府致力的方向。

儘管香港貨櫃港的貨運吞吐量在過去十年保持平穩水平，即平均每年 2,200－2,300 萬標準箱上下，但其他一些港口的吞吐量卻持續增長，至今已超越香港。約十三年前，香港曾是全球最大的港口（以貨運量言），後來被新加坡趕過，不久新加坡又被上海超越，在一段時期形成全球三大港口之格局 —— 即上海、新加坡和香港，緊接的是深圳。2013 年上半年香港貨櫃碼頭工人罷工，乃一轉捩點，因罷工導致貨運處理量下降，一些貨櫃船轉泊鄰近其他港口，香港首次被

深圳趕過，屈居第四。之後，其他一些港口的吞吐量仍有所上升，但香港較為平滯，且因先前罷工可能做成部分生意外流，而個別碼頭引入新處理系統又做成需時適應的問題，故香港又進一步於 2015 年被寧波舟山追過，處於第五位，而僅處其後的釜山港和廣州港都正力追香港。

因此香港實在不能鬆懈，一定要加強港口效率，就此在我任內，運輸及房屋局決定有策略地分階段為現有貨櫃碼頭提供 6 幅共約 18 公頃的港口後勤用地，以擴大貨櫃堆場空間及增設駁船泊位，提升處理貨物的效率；同時亦會釋出昂船洲公眾貨物裝卸區 120 米長的海旁用地作港口後勤設施，以支持港口運作。此外，亦研究興建大型多層貨櫃車和貨車停泊設施。其實，以香港貨櫃碼頭的有限面積而仍能長期維持相當高的貨運處理量，其效率水平已處世界前列。此外，我認為業界亦應加緊數碼化，提升自動操作系統。

邁向高增值的國際海運中心

從增值角度言，港口與海運船務的發展，不能局限於碼頭硬件設施和貨運處理，有必要提升至多元的海運服務業，善用香港的專業人才。事實上香港的高增值專業海運服務發展成熟，形成蓬勃的海運服

務業群，匯聚了八百多間與海運服務相關的公司，提供船舶代理及管理、船舶經紀、船舶註冊、船舶融資、海事保險、海事法律和仲裁等服務，支援本地以至全球的海運業務。香港為重要的亞洲仲裁中心，所處理的海事仲裁案件比競爭對手新加坡為多。憑藉香港豐富的國際商貿經驗、健全的法治制度、高學歷專業人才等優勢，不少海外的海運服務機構亦已在香港落戶，包括一些知名的船級社（classification societies）、全球十三個 P&I Clubs（Protection & Indemnity Clubs，船東保賠協會）中的十二個，以及融資方面全球十大 book-runners（賬管人）中的七個（每年船務借貸額超過 1,000 億元）。

相對於內地港口急速冒起及其現代化、數碼化的硬件設施，以及內地造船業近年加快增長，現佔全球份額已逾四成，香港的海運優勢在於多元高質、面向國際的專業海運服務，因此上屆政府決意積極推動海運業邁向高增值發展，這亦是梁振英特首對香港航運中心發展策略一直堅持的方向。

價值創造繫於人才，所以上屆政府認為應由政府牽頭去大力發展和提升人才質素，不能只靠業內公司單打獨鬥，更要去一洗「航運等於行船」的傳統印象。我們首先於 2014 年初注資 1 億元成立海運及空運人才培訓基金，加強吸引及培訓新血、提升在職專業水平、促進

與海外交流，並推行專上院校學生暑期實習計劃，使學生深化對航運各業的認識。除了推行各項與海運有關的資助計劃和課程外，我們亦與本地大學合作，推出獎學金計劃，鼓勵年輕人修讀與海運相關的課程，並在畢業後投身航海業和海運服務業。同時推行一系列的培訓措施，以增加本地船員的供應，紓緩本地船舶業人手短缺的問題。

海運及港口業界一直希望政府增加對他們的支持。他們認為，過往海運船務未受政府足夠的政策重視，可能跟「積極不干預」思維有關，而海事處長期定位為港口及船舶監管機構，缺乏推動產業發展的功能和視野。我於 2012 年中上任時，已有三大諮詢組織，即航運發展局、港口發展局和物流發展局，由我以局長身份出任主席，運輸及房屋局提供秘書處。業界近年爭取成立與香港機場管理局相若的法定組織去統籌和推動海運和港口的發展，我認同他們的目標和願景，香港的確需要加鞭推動海運，因為海運和港口皆曾長期屬於香港優勢之一環，我作為局長外訪時，也經常推許香港的藍色經濟（blue economy），即海、空航運，它提供了我們商貿不可或缺的基礎。不過，我和局內同事認為，成立法定機構，一須確定它如何有自我收入以維持財政持續性，否則只賴政府經常性撥款，則無法凸顯法定和自主的優勢；二須立法，這在當時行政立法關係緊張及議會動輒拿政府法案大做文章製造政治化議題的環境下，絕非易事，業內持份者都明

白此點。

故此，我們建議，與其尋求立法、夜長夢多（很大可能將跨越政府屆別），倒不如當機立斷，在是屆政府任期內先成立由局長出任主席，成員包括海運服務、國際船務和港口營運等主要業界的領袖和團體代表，以至學者專家的新的香港海運港口局（Hong Kong Maritime and Port Board），同時在運輸及房屋局內成立專職團隊支援，並委派局內一位副秘書長兼任海運及港口事務專員。新的海運港口局取代原先的航運發展局及港口發展局，不再僅是諮詢組織，而是提供高層次的官產學合作平台，凝聚業界力量，合力鞏固和提升香港的國際海運中心地位，在局長領導下協助政府制定關於海運和港口發展的策略及政策，並透過轄下成立由業界人士出任主席的執行性委員會，在秘書處支援下擬定和推行相關工作和活動計劃，以求盡快見成效。我們的建議獲得業界廣泛支持，遂於 2016 年 4 月正式成立香港海運港口局。

在我離任局長前，香港海運港口局已就便利營商、人才資源發展和宣傳推廣三方面向政府提出不少建議，推行了多項改善措施和推廣計劃。上屆任內，我們致力吸引海外及內地知名海運企業來港營商，以香港為區域基地，進一步擴大香港的海運業群（maritime cluster）實力；並且積極參與大型國際海事展覽，出訪有發展潛力的海運城

市。除每年舉辦已成為重要國際盛事之「亞洲物流及航運會議」外，並於 2016 年 11 月舉辦首屆「香港海運週」，吸引海外及內地企業參加和參展。我們的推廣工作漸見成效，例如國際海上保險聯盟於 2016 年 10 月在香港設立其亞洲區中心，作為其在德國總部以外的首個分支組織，為亞太區培育海事保險專才。

因應英國「脫歐」及習近平主席於 2015 年 10 月訪問英國後中英兩國關係踏入新階段，我在 2017 年初第二次訪問倫敦，倡議推動 "London-Hong Kong Maritime Connect"（倫敦香港海運通），之後與英國相關部門及海運機構商討，冀加強兩地在海運人才資源發展及推廣等方面的合作。倫敦的港口業務雖已衰落，但因其全球金融中心和海運專業服務的優勢，至今仍維持國際航運中心首位。我想像以我們各方面的優勢，包括制度、金融、海運服務和仍列全球第五位的港口，香港有條件發展成為亞洲最具綜合實力的國際航運中心，那麼若西方的倫敦與東方的香港在航運方面加強交流合作、互利雙贏，既可強化香港的樞紐港戰略地位，也對國家整體面向國際的發展作出貢獻。德國也有強大的海運服務業，其港口城市漢堡乃歐洲第二大港口，儘管其吞吐量只及香港之一半，我在任內亦曾兩度率團訪問漢堡，促進交流合作，特別是在海運服務方面如海事保險。

國際商貿正在東移，亞洲和中國在二十一世紀經濟上愈顯重要。目前全球十大港口，九個位於亞洲（除杜拜），七個位於中國包括香港，另兩個是新加坡和韓國釜山。中國已是世界第二經濟大國，並預期於不久將來趕過美國成為世界第一，其下一步發展將見愈來愈多內地企業包括國企「走進國際」成為大型跨國企業並投資海外，及愈來愈多外國跨國公司進入中國市場、加大投資。在此雙向加速發展的大趨勢下，香港作為全球和區域性樞紐，理應善用和鞏固本身的航運優勢，發揮作用。

我在任末曾與局內相關同事分享一些戰略看法，提出幾個重點：（1）推廣香港為「港口城市」、「海運城市」，不單要銳意在海外增強曝光，透過大型國際和區域會議及展覽，推介香港的樞紐優勢，包括我們的船舶註冊，也要同時讓本地特別是年輕一代有此意識，願意投身，以此自豪。（2）加強香港海運港口局的官產學協同作用，使成為香港海運港口界最具代表性的倡議聲音，有點像英國的 Maritime UK 一樣。（3）我們應在政府架構內設置具實務經驗的海運顧問（Maritime Adviser），並提升人才培訓，強化與本地大學及職訓機構之合作，並可考慮推動成立一海運學院式的網絡（Maritime Academy Network）。（4）在對外策略上，鞏固與倫敦和漢堡於海運服務的交流合作，並就面對「3S」（即 Shanghai, Singapore, Shenzhen，上

海、新加坡和深圳）的競爭，清楚界定香港的「強弱機危」（SWOT, Strengths, Weaknesses, Opportunities, Threats）定位，尋找下一階段的相對優勢及提升競爭力的方向所在，使海運再度成為香港實力的一個亮點。

物流及貨物集散

過去十年，高增值第三方物流業，即為客戶提供專項或全面的物流系統設計或系統營運的物流服務模式，發展迅速。土地供應對物流業發展十分重要，但覓地非常困難。上屆政府一直致力物色和爭取合適土地，並在屯門西預留兩幅共約 10 公頃的土地作高增值物流用途，唯因種種規劃及政府內部協調問題，推出土地比原定時間表落後，未能及早回應業界的需要，就此我感到遺憾。我們亦在香港物流發展局內與業界一同探討有助提升營運效率、人才培訓及推廣香港物流服務的措施。預留的物流用地如何批出，也應研究。若政府只跟從傳統賣地做法，客觀後果必然是大企業集團投得土地，令物流業內中小企業難以受惠，但在今天強調創新、初創之際，我們實在不應忽略中小微企的活力，包括其在現代物流及數碼物流可起的作用。政府或可考慮另類營運模式，例如成立機構去管理新用地上的現代物流設施空間，租予各相關中小企業，一如上世紀六七十年代的公共工廠大廈

一樣。也應同時考慮業界長期提出設立物流園區的主張，一個可能的地點是大嶼山，因靠近機場和貨櫃碼頭。

踏入二十一世紀，一個不爭的事實是，中國內地經濟急速增長，除了是全球最大的工廠外，更成為全球最大的消費市場，其新冒起的中產階層及年輕一代消費力強勁。不過，至 2013 年，內地的私人消費只佔其 GDP 的 37%，遠低於世界平均數的 60%，近年已持續上升至五成；而在全球消費市場佔比方面，過去十年由 4% 翻番至 11%。[3] 可以預期，仍有不少的增幅空間，尤其是高檔消費品方面。目前世界各地很多名牌產品的銷售商，皆以香港為其在亞洲的區域分銷總部，如 LVMH、Burberry、A&F、Timberland、Philips、Canon 和 Schneider Electric 等，一些外國物流企業如荷蘭的 TNT Express 也在香港設立區域總部，他們着眼的都是中國內地龐大的消費市場。

作為亞洲的物流樞紐和貨物集散中心，香港應受惠於中國內地以至亞洲其他新冒起經濟體如印度及東南亞國家國民消費力的不斷增長，且每年到港的各地旅客達 5,600 萬人。香港的相對優勢在於其樞

3　〈中國是否可以保持消費驅動的經濟增長〉，《財新網》，2017 年 10 月 18 日。

紐港地位及全球與區域通達性，從香港四小時飛行航程已可達亞洲主要經濟體，五小時可達全球半數人口，包括中國內地、印度次大陸、東北亞和東南亞等。鄰近香港的珠三角區域佔內地 GDP 的 9.3%，人口近六千萬，乃高消費力的龐大市場。香港更因其自由市場特色，海空運清關效率高，現代物流業服務和管理高質、經驗豐富，能長期為客戶提供為客訂做的精密供應鏈管理解決方案（sophisticated tailor-made supply chain solutions），這對重視知識產權保障和名牌高價貨品尤為重要。此外，上屆政府已規劃在港珠澳大橋口岸人工島上興建大型商場，以及在機場島北部商業區興建大型「航天城」（Skycity）。

空運發展

二次大戰後，香港憑着位處中國及亞洲地理要衝的優勢，重振其戰前轉口港的角色，當時以海運為主。上世紀六十年代中起空運量急速上升，客量在 1970 年超過 200 萬人次，至 1990 年達到接近 1,500 萬人次。為配合經濟發展帶來的空運需求，香港空運貨站在 1976 年落成啟用。在 1998 年香港國際機場搬到大嶼山赤鱲角之前，啟德機場已早於 1995 年，成為當時全球第三大最繁忙的國際客運機場，僅次於英國倫敦希斯路機場及德國法蘭克福機場。此外，啟德機場更於 1996 年處理了 156 萬公噸來自世界各地的貨物，超越日本東京成田機

場,在國際航空貨運吞吐量方面,成為全球之冠。

今天香港擁有廣闊的國際航空網絡。香港國際機場是全球最繁忙的貨運機場,也是緊接杜拜和倫敦希斯路機場的全球第三大國際客運機場,乃經濟發展的重要動力。有超過 100 間航空公司使用香港國際機場,平均每天升降超過 1,100 航班,直飛全球達 220 個航點,當中 50 個航點位於中國內地,充分發揮航空樞紐的作用。多年來,香港國際機場不斷提升其營運效率,如以每架航機的平均載客及載貨量計算,國際機場協會 2013 年《全球機場交通量報告》中指出,香港國際機場每架航機的平均工作量單位達 264.5,是全球最具效率的機場。此外,全球 100 大客運機場中,香港國際機場的廣體飛機比達到 63.3%,位列第二,只稍為低於名列首位的東京成田機場,後者比例為 64.6%。

2017 年,香港國際機場的交通量進一步增長,再創紀錄。按香港機場管理局(機管局)數字,年內機場共接待旅客近 7,290 萬人次,飛機起降量超過 42 萬架次,分別按年增長 3.3% 及 2.2%,而貨運量亦上升 9.2% 至約 494 萬公噸。機場跑道容量已接近飽和,必須盡早落實「三跑道系統」計劃(詳情下一章交代)。隨着與填海及城市規

劃相關的法定程序於 2016 年 4 月完成，機管局已於同年 8 月展開三跑道系統的工程，並同步進行其餘工程的詳細設計，落實財務安排及一系列的環境影響緩解措施。當三跑道系統全面運作後，預計每年可處理的客運量增至 1 億人次及每年貨運量增至 900 萬公噸。在三跑道系統啟用前，機管局繼續致力提升機場的設施和容量，當中包括中場範圍（Mid-field Concourse）發展計劃。

同時，政府支持機管局發展機場北商業區「航天城」計劃，將分期作長遠發展，成為一個匯聚酒店、零售、餐飲和娛樂於一體的專區，除了為香港創造重要的投資、營商和就業機會外，更能提升香港國際機場的整體吸引力和競爭力。而且，機管局在內地透過合資公司參與三個機場的營運管理，包括上海虹橋國際機場航樓、杭州蕭山機場及珠海機場。2016 年，政府支持由機管局成立「香港國際航空學院」，培訓本地及區域空運管理人才。2016 年 6 月，我陪同梁特首訪問法國，途中參觀位於圖盧茲（Toulouse）的「空中巴士」總部，在與法國國立民用航空學院（ENAC）校長交流時，我邀請他考慮與香港機管局在航空培訓上合作，並安排之後在香港進一步商討。同年 12 月，機管局與 ENAC 簽訂協議，合辦課程。上文提及的海運及空運人才培訓基金部分也用於空運方面，以培養新血、提升專業能力。

航空管制及安全

民航處的新航空交通管制（航管）系統經分階段啟用後，已於 2016 年 11 月全面啟用，取代於 1998 年啟用的舊系統，大大提升民航處的航空交通管理能力。新系統每天可處理達 8,000 份航空計劃書的資料，並同時監察 1,500 多個空中或地面目標，分別是舊系統的 5 倍和 1.5 倍，足以應付未來航空交通量的增長。

2014 年審計署發表報告批評 2007 年立項的新航管系統，在推展過程中出現重大延誤，以及民航處興建新總部時在地方使用上有所失誤。立法會政府賬目委員會經公開聆訊後發表特別報告，嚴詞譴責，矛頭直指時任處長。因應賬目委員會的質疑，我於 2015 年決定嚴肅處理：

（1）徵得公務員事務局配合，調派政務官出任新增設的特別副處長，協助改善民航處管治，並督導新航管系統的落實；

（2）由運輸及房屋局成立小組，對民航處相關人員包括時任處

長，就新總部事宜進行內部調查；[4] 及

（３）委聘海外專家顧問，就新航管系統的運作及系統準備狀況作獨立評估和全面檢視，向局長提交報告和建議。

其後獨立顧問的結論是：航管系統的設計、操作及人員由舊系統過渡至新系統的安排妥當，風險評估可以接受，不存在安全問題。我考慮了專家的意見後，才授權民航處處長於 2016 年 11 月中全面啟動新系統。在新航管系統啟用以來，運作基本暢順，雖然出現一些系統磨合及其他問題，但並不影響日常航班及飛行安全，在長假旅遊高峰期間能有效應付急增的航班數量（最高時一天近 2,000 班次），維持香港的航空樞紐優勢。不過，在風險為本、安全至上的前提下，民航處於該年底成立包括海外和本地專家的小組，協助監察新航管系統的運作，我也在小組舉行首次會議前與委員見面，表達政府高度重視系統的安全。審視了在磨合期出現的各種情況後，他們根據國際經

---

4   調查小組由一名副秘書長專責領導，成員還包括一名總行政主任和一名高級庫務會計師。調查小組在調查過程中，曾查問八名人員，均按公務員事務局既定程序和指引進行。調查後，有證據顯示一名民航處高級首長級人員有不當行為，經徵詢公務員紀律秘書處意見後，局方遂向該名人員採取紀律行動。另外，有表面證據證明另一名已退休的民航處首長級人員可能涉及不當行為，但由於該人員在調查期間已經退休，因此公務員紀律機制並不適用，不過，當局仍發信予該退休人員，並正式記錄於該人員的人事檔案內。

驗，於 2017 年 11 月的小組總結報告中表示，新系統的總體表現屬於滿意。

過去一直以來，民航意外調查乃由民航處處長領導處內一意外調查組統籌進行，雖秉持公正獨立，調查結果亦未見受質疑，但仍為一些內外持份者如香港機師協會及國際航空運輸協會（IATA）等所批評，認為落後於國際做法。為符合國際民用航空組織（ICAO）的最新要求及回應航空界內期望，我在任內決定成立由運輸及房屋局直轄、獨立於民航處的民航意外調查機構，以調查民航意外和嚴重事故，並得到立法會經濟發展事務委員會的支持。

航空融資

香港的航空業發展長期以來只重客運和貨運，即以運輸為主。就像海運應超越港口和海上貨運、走向多元海運專業服務群一樣，我認為航空業的未來也應走多元、立體發展之路。上屆政府任期內，在行政長官領導的經濟發展委員會（經發會）和轄下航運小組的倡議下，運輸及房屋局經過研究和獲得財經事務及庫務局認同下，認為香港作為主要的國際航空樞紐和國際金融及商業中心，有優勢發展成為離岸航空融資中心，特別是在飛機租賃業務方面。而海外經驗顯示，稅務

因素是飛機租賃融資公司選擇業務地點的關鍵考慮之一。在時任財政司司長曾俊華支持下，我提出由運輸及房屋局牽頭推動有關的稅務優惠修例立法。

按一些機構評估，預計未來二十年，全球航空旅客每年增長約5%，亞太區增幅更大，每年增長約6%。付運全球和亞太區的新飛機數目估計分別達到 39,000 架和超過 15,000 架，價值總額分別超過5.9 萬億美元和 2.4 萬億美元，當中內地航空公司所需的新飛機，估計佔亞太區超過四成。國際民航發展趨向使用飛機租賃方式，透過融資購買新飛機的比率，四十年前只是 1%，2011 年達到 32%，而預計在 2020 年甚至之前會增至約 40%，融資需求預計以複合年增長率約6.7% 穩步增加，2016 年融資額已達 1,200 億美元。

因此，飛機租賃業務是一盤大有可為的大生意，但為何一直以來，香港在低稅制、法治、資訊自由、產權保護等各方面制度優勢下，且乃國際航空樞紐及全球金融中心，具有多元健全的資本市場和融資人才，卻在飛機租賃業務上反而沒有什麼生意？為何生意都流向愛爾蘭及近年銳意發展飛機租賃業務的新加坡？原因很簡單，就是因為稅務安排缺乏吸引力。2015 年香港和內地之間簽署《避免雙重徵稅安排第四議定書》，對於飛機和船舶租賃業務所獲得租金的預提所得

稅稅率定為 5%，低於現時愛爾蘭及新加坡等飛機租賃中心與內地簽訂的避免雙重徵稅協定下的 6% 稅率，為香港發展飛機租賃業務提供了基礎。上屆政府決定提出新稅務安排就是去理順稅務誘因問題，令香港亦能夠分一杯羹。按照我們的分析估計，二十年內可取得達 18% 的全球市場份額，為超過 3,200 架飛機進行融資，可增加 1,600 個多屬專業範疇的直接就業機會，並帶來 100 億元新利得稅之收入。

新的獨立稅務制度，適用於合資格飛機出租商及合資格飛機租賃管理商的有關活動，所得利潤的利得稅稅率訂為現行法團利得稅稅率即 16.5% 的一半，為 8.25%。另外，合資格飛機出租商就其合資格飛機租賃活動所獲得的租約付款的應課稅款額，訂為租約付款總額（gross lease payment）扣減支出（但不包括折舊免稅額）後款額的 20%。所以，實質課稅（effective tax）會更少，按稅務局估計會降至 4.3% 左右，能與愛爾蘭和新加坡這方面的低稅率比拼，加強香港在離岸飛機租賃業務方面的競爭力。此乃政策性的重大突破，雖然有別於一般課稅安排，但不帶來稅收損失，因為若無此安排則也無生意可供課稅，有此安排反而讓政府多收稅款，更令香港經濟受惠。2017 年 3 月，我會同經發會航運小組主席周松崗在倫敦向當地飛機租賃融資業界推廣香港的新措施，他們甚感興趣。修例雖在二讀辯論及三讀時遭少數反對派議員刻意刁難拖延，但最終在上屆政府落任前獲立法會

通過，進一步鞏固香港的國際金融中心地位，並提升香港作為國際航空樞紐的軟實力。

　　總結五年經驗，儘管香港具有傳統的海空運優勢，且大有可為，但需不斷檢視「強弱機危」，把握形勢機遇，與時俱進，鞏固並提升其優勢，開拓新領域新市場，才能維持其全球競爭力及樞紐城市地位。

參 考 閱 讀

1. 立法會個別政策事宜資料庫【交通】:「港珠澳大橋」，立法會站，legco. gov.hk。

2. 香港海運港口局網站，hkmpb.gov.hk。

3. 前香港航運發展局，《香港港口發展策略 2030 研究》報告，2014 年 12 月。

4. 前香港港口發展局，《青衣西南部十號貨櫃碼頭初步可行性研究》報告，2014 年 12 月。

5. 運輸及房屋局提交立法會經濟發展事務委員會討論文件「港口及物流發展」，CB(4)1165/14-15(03)，2015 年 6 月。

6. NATS (National Air Traffic Services),*Operational Readiness Assessment of*

The New Air Traffic Management System: Final Report, assessment report prepared for the Hong Kong Transport and Housing Bureau, 0147-000-2634, March 2016. 民航處網站 cad.gov.hk。

7. NATS, *Phased Transition Approach for Air Traffic Management System and Overall Transition Readiness for ATC Replacement System: PFI Stage 2 and Full Transition Assessment*, assessment report prepared for the Hong Kong Transport and Housing Bureau, Reference THB(T)SE Q040/2015, October 2016. 民航處網站 cad.gov.hk。

8. Civil Aviation Department, *Interim Report by the Air Traffic Management System Expert Panel*, April 2017.

9. Civil Aviation Department, *Final Report by the Air Traffic Management System Expert Panel*, November 2017.

第十一章

機場擴建：
「三跑道系統」、空域問題

　　上一章提到香港空運的發展始於上世紀六十年代，大抵上伴隨香港經濟在二戰後的首次起飛。至九十年代，位於九龍東啟德的香港國際機場，已成為區域航空樞紐，且於 1996 年超越東京成田機場，成為全球最繁忙的國際貨運機場。啟德機場雖經擴建，但於八十年代後期已明顯飽和，要靠不斷優化航班升降管理去增加處理容量，若不是適逢中英兩國談判香港九七前途及香港進入回歸中國的過渡期，相信港英政府或早於八十年代初便會確定覓址興建新機場的規劃。蹉跎多年後，要到 1989 年中國內地發生天安門民運及「六四」事件、港人陷入嚴重信心危機之際，港英政府才把新機場計劃與其他大型基建一併以社會上形容為「玫瑰園計劃」提出來，以挽回人們特別是商界投資者對香港未來的信心。

　　其實，興建新機場確有必要，否則香港在九七回歸後要維持其經濟動力便無以為繼。但是，新機場計劃卻即時陷入一場政治大風暴中，因為中方懷疑英方過去遲遲拖延，在「六四」事件後未與中方商討卻急急提出如此龐大投資的過渡期基建大計，乃欲政治上「沖喜」及經濟上耗盡香港財政儲備，並在撤離香港前再益英資建造商財團，做成回歸後特區政府的困難，故質問「你請客，我付鈔？」，事情很快上升為中英之爭。而在香港內部，又存在選址之爭，有人反對在大嶼山北面赤鱲角填海建大型機場島，主張在后海灣興建以靠近深圳；

且有少數聲音認為機場仍應留在啟德，只需把香港欠缺容量應付的客貨運「分流」給深圳和廣州機場便是，以減低巨大投資的風險。簡單來說，不少人對九七後香港的經濟前景不感樂觀，質疑新機場計劃成本高（上千億元）、經濟效益成疑，擔心會成為「大白象」。

從啟德到赤鱲角

最後中英達成妥協，1991 年 9 月雙方於英國首相馬卓安（John Major）訪華時，簽署《關於香港新機場建設及有關問題的諒解備忘錄》，據此新機場及其他跨越九七的重大基建工程均須經中英聯合聯絡小組商討，並成立由雙方各自提名社會人士合組的「新機場諮詢委員會」（機諮委），監察新機場工程及其開支。我當時獲委為「機諮委」委員，藉此對香港國際機場的往後發展，有一定的掌握和了解。由於當年規劃過程比較受控，環評要求沒有今天這般嚴厲，且勞工界仍能接受為機場工程特別輸入外地勞工，故從 1992 年全面推展，儘管仍不時出現中英雙方爭拗，但整個工程尚能於六年左右完成。

1998 年 7 月 1 日香港回歸中國一周年，位於赤鱲角的新國際機場正式啟用，凌晨時分與啟德機場無縫交接，成為國際佳話。不過，啟用後最初期發生了一些系統磨合問題，行李和貨物處理大受影響；儘

管磨合問題在海外其他大型新機場啟用時也是常見，但當時在香港便引發社會不滿，矛頭指向時任政務司司長兼新機場發展督導委員會主席陳方安生。最後，申訴專員和立法會皆進行調查及發表報告，而政府也成立獨立調查委員會查究。

原先新機場啟用時只得一條跑道，預算在 2001 年才建第二跑道，但到 1996 年底，由於需求增長實在太快，政府決定在 1997 年提早開始興建第二跑道，並於 1999 年落成啟用，形成現時的雙跑道系統。隨着中國內地在九十年代經濟起飛，海外公司的亞太及大中華地區業務日益頻繁，世界其他國家與香港及內地的經濟聯繫也大大加強，香港的機場需要進一步提升容量來處理不斷上升的商務客流、海外旅客，以及轉機來往內地的客流物流和空運量，故新香港國際機場的啟用，正好及時為香港這個新興的「服務業樞紐」和全球金融中心打了一枝強心針。

為何香港需要「三跑」？

如上章所說，香港國際機場自 2010 年起連續是全球最繁忙的貨運機場（即計及國際與國內貨運綜合而言），幾年來同時也是全球第三大國際客運機場，僅次於杜拜和倫敦希斯路機場，為亞洲之首，高

於新加坡、首爾仁川和曼谷等國際機場；若計及國際加國內航班去作比較，則香港國際機場是全球第八大客運機場，在亞洲僅次於北京首都機場和東京成田機場。現時，香港機場的國際客量且大於內地五大國際機場（北京首都機場、上海浦東機場和虹橋機場、廣州白雲機場及深圳寶安機場）國際航班客量的總和。

香港國際機場在 2017 年的全年飛機升降量為 42 萬架次，客運量達 7,290 萬人次，貨運量達 494 萬公噸。按 2012 年數字分析，航空相關業務和非航空相關業務在直接、間接及連帶附加價值方面的貢獻，相等於香港本地生產總值的 4.6%，目前單是機場島已有逾 73,000 人受聘，可見機場也是香港經濟發展的一個動力火車頭。超過 100 家航空公司在香港營運，平均每天超過 1,100 班次升降，連接全世界逾 220 個航點，包括中國內地 50 個城市。至 2017 年，香港與 72 個國家簽訂了民用航空運輸協定及國際民航過境協定，以及與內地和台灣地區的協定。香港之所以能夠成為國際大都會及商貿和金融中心，其中一個關鍵因素就是我們擁有廣闊的航空網絡，方便世界各地的旅客（包括商務客）和貨物往來香港，並以香港作據點轉往其他城市。這廣闊的航空服務網絡，有利於維持香港作為戰略性航空樞紐的競爭力。

過去十年，除 2008 年、2009 年發生全球金融危機外，客運量、貨運量和航班升降量均持續增長，實際增長較香港機場管理局（機管局）於 2011 年 6 月年公佈、提出增建第三跑道作為其中一個方案的《2030 規劃大綱》中所預期的為快。現有的雙跑道系統至 2017 年已達到其在安全標準下的實際最高容量，即平均每小時 68 架次、全年約 42 萬架次，進入飽和，而《2030 規劃大綱》曾預計至 2020 年才達到 42 萬架次（基準數字）。在航空及空域管理安全技術日益提升的前提下，民航處和機管局正在不斷作出一些短期改善及優化措施，以適當地稍為提高航班升降的最高容量。

按照以日內瓦為基地的 ATAG（Air Transport Action Group）2016 年 7 月出版的 *Aviation Benefits Beyond Borders* 報告，2014 年亞太區航空客運量佔全球 33.2%，而 2014 年至 2034 年的二十年期間，預計年增長率為 5.1%，高於世界整體的 4.3% 及歐洲和北美的 3.6% 和 2.7%。而根據機管局制定《2030 規劃大綱》時委聘之國際航空交通專家 IATA Consulting 於 2008 年所作的預測，到 2030 年，單是大珠三角地區將增至 3.87 億人次（今天看來應屬低估），但屆時珠三角五個機場（包括香港、廣州、深圳、珠海和澳門）的總客運能力，都只是約 3 億人次。可見，珠三角區域內各地機場皆有進一步發展的需要和空間，並應同時加強各機場之間的合作。香港國際機場擴建至

「三跑道系統」實在急不容緩，三跑道系統的規劃目標是，在落成後按航空交通需求的增長，其處理的飛機升降量可循序達致每小時 102 架次，預計至 2030 年，每年可處理的飛機升降量達 62 萬架次，客運量和貨運量達約 1 億人次和 900 萬公噸。當然，縱使落成三跑道系統，航空交通仍會有進一步增長，因此政府與機管局均需及早評估籌謀，如何提升機場運力和效率。

全球貿易重心東移及亞洲地區旅遊處於高增長，帶動航空客貨運量不斷增加，故落實三跑道系統可使香港充分掌握上述趨勢帶來的新機遇。機管局曾預測，與雙跑道系統比較，三跑道系統在五十年間，以 2012 年價格計算，可帶來額外經濟利益 4,550 億元，並於 2030 年提供約 12 萬個直接職位和 14.3 萬個間接及連帶職位，分別比目前雙跑道系統多出 2 萬個和約 1.7 萬個職位。對一般小市民來說，機場容量飽和，絕對會有所失，因為航空公司將難以開辦新航線或增加航班，亦可能只集中發展利潤較佳的航線，機場服務的航點亦會不增反減，而正在香港發展的廉價民航亦難以爭取到新的升降時段。現時區域內的其他各大機場，包括新加坡、首爾仁川、上海浦東、廣州、深圳及杜拜等機場，均在銳意擴建，若香港機場停滯不前，航空生意就會拱手讓給他方，我們的全球航空樞紐地位就會被削弱。

三跑道系統佈局

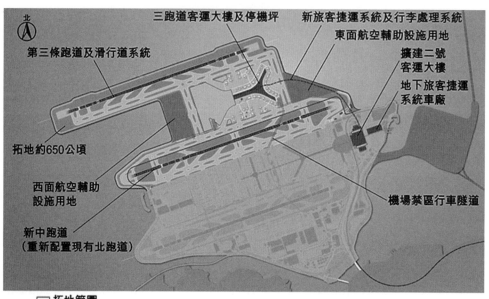

資料來源：香港國際機場網站。

我在任內堅持「三跑」盡快上馬，不向反對勢力低頭。香港已在港口業務上節節退守，若在空運上再失去龍頭王牌，那麼在全國和區域內的競爭力只會進一步下降，又何來「自強」的基礎呢？

為何雙跑道系統不可擴建或優化？

社會上有人以種種理由反對「三跑」，似是而非地建議只需擴建或優化雙跑道系統便可。提出這樣建議的人指於 1992 年臨時機場管理局發表的《新機場總綱計劃》曾表示，雙跑道系統運作最高可達致每小時 86 架次，但他們故意不提及，由於當時只剛開始進行新機場工程，該總綱計劃只是從規劃角度評估，在不同的模式下運作，理論上可達到每小時 52 至 86 架次不等，且同時指出，因受大嶼山地勢及機場四周環境所影響，航機在赤鱲角附近低空飛行時並非全無限制。

1994 年，民航處委聘華盛頓顧問公司（Washington Consultant）進行空域設計研究，得出結論是，礙於鄰近高山限制，雙跑道的最高升降容量只約為每小時 63 架次。2008 年再由英國 NATS（National Air Traffic Service Limited，國家空中交通服務公司）進行空域和跑道容量研究，確認經引進四十多項優化措施及應用最新的空管技術，在完全符合國際民航組織（ICAO）的安全標準和規定下，實際最高容

量可增至每小時 68 架次，亦即目前採用的標準。若要大幅增加雙跑道系統的容量又要完全符合 ICAO 的安全要求，則必須將大嶼山大部分的山峰削平，包括鳳凰山、大東山、彌勒山、蓮花山及其他高山，波及一些重要地標、設施和大嶼山郊野公園，故並非切實可行。況且，大規模削山也只能把雙跑道容量增至每小時 80 多架次，根本滿足不了香港未來的航空交通需求。

此外，如上章所述，香港國際機場以平均工作量單位計算，已是全球最有效率的機場，廣體飛機比例也位於全球前列，所以以為可藉增加機場和航機使用效率去應付持續增加的客貨運需求，其實空間極為有限。還有人在說，不要建「三跑」，把部分客貨運「分流」給深圳和廣州機場、停飛往來內地的大多數航線、交由一些內地機場分流便可。這類觀點不但重現九十年代初反對興建赤鱲角新機場的保守退縮心態，並且置香港的航空樞紐港利益於不顧。中國是本世紀空運交通增長最大的地區之一，目前使用香港轉機往來內地的旅客佔整體客源約兩成，若以切斷香港與內地城市的航線去迴避建三跑，簡直就是削足就履、自斷經濟發展命脈！事實上香港和內地的主要機場，均有各自進一步發展的空間和擴建的需要，不存在零和般的惡性競爭，可以尋求多些合作以發揮協同效應，達致互利共贏。

三跑道系統會做成重大環境破壞？

當然，經濟發展及社會民生需要，跟環境保育之間，須作合理平衡，以維持廣義而非單一化的可持續性。

機管局於 2012 年下半年至 2014 年初進行了十分全面而嚴謹的法定環境影響評估（環評），涵蓋十二個範疇，包括：空氣質素、生命危害、噪音影響、水質、污水收集和處理、廢物管理、土地污染、陸地和海洋生態影響、漁業、景觀和視覺、文化遺產，以及健康影響等。為收集環保團體及保育專家的意見，機管局在進行環評程序期間定期與他們會面，並成立了四個技術研討小組，分別討論有關飛機噪音和廢氣排放、中華白海豚、海洋生態及漁業的事宜。在其於 2014 年 4 月提交環境保護署（環保署）的環評報告中，機管局提出一系列各方面措施，以求盡量減少、緩解及補償所有潛在之環境影響。其後，為回應公眾及環境諮詢委員會（環諮會）提出的關注和意見，機管局又承諾作出進一步改善。2014 年 11 月，經考慮環諮會的意見，環保署署長批准三跑道系統項目的環評報告及超過 250 項措施，附帶 18 項要求，並發出環境許可證，使工程得以動工。

主要的緩解和改善措施包括：

（1）設立香港歷來規模最大、面積達 2,400 公頃的海岸公園，相當於現有機場島的兩倍。它將連接機場島以北現有的沙洲及龍鼓洲海岸公園，並在東面連接政府之前因應港珠澳大橋香港口岸填海已承諾設立的大小磨刀海岸公園，形成一個相連而規模龐大（5,200 公頃）的海洋保護區；

（2）機管局斥資推行海洋生態保育計劃，包括成立「改善海洋生態基金」；

（3）制定機場海天客運碼頭高速船的航行路線和管理計劃，以免影響海洋生物；及

（4）施工期間在香港國際機場周圍劃定海豚保護區，以把施工船隻帶來的影響減至最低。

我要求機管局以「邊建設、邊保育」為原則進行三跑工程，並認真落實各項緩解措施，而且填海時採取先進的非浚挖法，又避免在中華白海豚生育高峰期進行海上鑽孔打樁活動。機管局亦已早於 2012 年承諾，致力打造香港國際機場成為全球最環保的機場，此乃全球首個這樣的承諾。

「三跑」建造費太貴，
為何由機管局而非政府財政融資？

行政長官會同行政會議於 2015 年 3 月 17 日確定，由機管局自行融資，建造第三跑道及其他構成三跑道系統的必需設施，總建造成本按付款當日價格計算為 1,415 億元，若按 2010 年價格計算則為約 845 億元，其實稍低於機管局於《2030 規劃大綱》（基於 2010 年價格）估算的 862 億元。可是，一些媒體和議員卻把不同價格計算基礎的 1,415 億元與 862 億元去作比較，大做所謂「嚴重超支」的文章。

有人質疑為何建多一條跑道便要花千多億元。其實三跑道系統工程涉及多項工程：

（1）在現機場島以北填海拓地，面積約 650 公頃，差不多是現機場島之一半，且使用比較環保但費用為高的深層水泥拌合法等免挖技術；

（2）建造 3,800 米的第三跑道及滑行系統；

（3）興建一座新的客運廊以提供 57 個停機位；

（4）擴建／改建現有二號客運大樓和興建相關道路網絡；

（5）興建新的旅客捷運系統和綜合維修車廠；

（6）設置新的高速行李處理系統以連接新跑道客運廊和二號客運大樓；以及

（7）興建其他相關的機場配套基建及公用設施和設備等。

加起來的總規模，可說等於建造一個五臟俱全的機場，故成本是這麼高。而且，要在一個 24 小時不停運作，同時亦是全球最繁忙機場之一的香港國際機場，進行如斯大規模擴建工程，其挑戰性可以想像。將來有三條跑道後，北跑道（即新的跑道）規劃作降落之用，中跑道用作起飛，而南跑道則同時處理升或降，此乃在符合 ICAO 安全要求下為三跑道系統提供最理想容量的安排。

就融資而言，主要不外乎由政府出資，即當年興建現機場的模式，或由機管局自行融資，亦即現機場於 1998 年落成啟用後一直以來擴建設施（包括中場範圍客運廊及西停機坪等）全由該局動用內部資金的模式。經與機管局商議，政府認同他們提出的「共同承擔」自行融資方案，透過以下方式籌集資金：

（1）憑藉機管局超卓的信貸評級向市場舉債，並可發行供一般市民投資的零售債券；

（2）把機管局向航空公司徵收的各項設施使用費，調整回復至
2000 年之前的水平（當年因應亞洲金融風暴帶來經濟逆境曾大幅減費
並予凍結），往後再按通脹調整；

（3）向離港旅客徵收機場建設費；以及

（4）機管局決定不派發股息，保留未來十年的溢利盈餘。

政府支持此融資方案，最根本的考慮並非是一些議員所批評，意
欲繞過立法會的撥款批准程序，儘管在今時今日的議會生態下，立法
會通過大型基建撥款的確往往變成漫長的「拉布」戰，而是機場擴建
最終惠及使用者，包括廣大旅客和航空公司，若合乎成本效益，亦會
為機管局作為機場營運者帶來長遠盈利，故由他們共同承擔融資，相
對於由一般納稅人透過政府斥資興建，較為公平合理。一般企業因要
應付未來的重大投資項目而不派發股息，在市場上並非罕見，而機管
局作為一法定機構，按《機場管理局條例》要求須以審慎商業原則運
作，故採取市場上做法，也是合情合理。由機管局向市場舉債，市場
也發揮審視三跑項目經濟效益和財務回報的作用。而且，現時香港國
際機場對航空公司的徵費按國際標準處於低水平，而向旅客徵收機場
建設費，在世界上一些其他地方的機場也有實行，如加拿大、美國及
中國內地；最近，新加坡也打算這樣做。在與旅遊業界溝通及聽取政
府及社會上的意見後，機管局從善如流，適量增加向市場舉債，以調

低機場建設費的水平，在修訂後，乘坐經濟客位的離港旅客，短程航線只收取 90 元，過境／轉機則收取 70 元。

機管局的融資方案並不需要或涉及政府向它作出、發出或訂立承諾、保證及其他協議（包括提供貸款擔保），故不存在最後由政府「包底、埋單」的風險。而按機管局委聘財務顧問所作的評估，就算將來三跑道系統工程超支達 50%（作假設用之極端情況），它仍有能力增加向市場借貸，以應付超支，不過這只是一個「假如」（"what if"）的情景。實際上政府已要求機管局抓緊成本控制、工程合約管理及工期管理，並吸取高鐵項目的教訓，以減低工程延誤或超支的風險。政府參考了九十年代興建新機場的經驗，由運輸及房屋局設立機場擴建統籌辦公室，密切監察機管局的工程，以確保三跑道系統及時和妥善落實，並充分顧及成本效益。

上屆政府亦成立由財政司司長任主席的高層次跨局督導委員會，以提供跨部門及與機管局之間的協調，以及由運輸及房屋局局長任主席、涵蓋不同相關界別人士和專家的「航空發展與機場三跑道系統諮詢委員會」，以加強社會上對項目的監察，並及時吸納各主要持份者的意見。

空域問題

在雙跑道系統容量極限、環保措施及融資安排都難抓政府痛腳下，部分反「三跑」人士又在所謂空域問題上大做文章，並有意無意地製造香港與深圳之間的矛盾及中央政府不支持三跑的印象。

其實早於 2004 年，國家民航局、香港民航處及澳門民航局已組成三方工作組，研究制定措施去改善珠三角地區的空域結構和空管安排，以優化空域使用及提升航空安全，應付珠三角地區日益頻繁的空中交通。經深入研究和商討，三方工作組於 2007 年制定《珠江三角洲地區空中交通管理規劃與實施方案（2.0 版本）》，內容涵蓋：空域規劃、空管運行標準、空管運行程序、區域導航程序、運行管理等，明確規劃至 2020 年分階段實施短中長期各項優化目標和措施，並以達到區內航空交通「統一規劃、統一標準、統一程序」為最終目標，使能夠安全善用珠三角空域、珠三角區內機場的飛行程序互相兼容，並按需要考慮採用相同的運作標準等。此方案當時已顧及了香港三跑道系統的運作需要，以及廣州和深圳機場的發展計劃。2010 年機管局在其《2030 規劃大綱》中提出三跑道系統可達至每小時 102 架次飛機升降量的容量目標，便是建基於 2007 年珠三角空管規劃方案的全面實施。

當然，上述方案乃一規劃性方案，當中各項目標和具體安排，仍需作進一步的技術細節研究及配合措施，並按部就班地予以落實，且落實過程中需加強協調合作。唯有充分推動珠三角空域的優化使用，否則區內三方各自機場的發展均會受制，因此三方有共同意願和利益去落實方案，並在落實過程中持續改善有關安排，以求達到互利共贏。由於香港國際機場和深圳寶安機場比較接近，故在空域管理上亦需緊密合作，以確保空域使用效率和安全，包括在空域分界航機由一個空管單位「移交」至另一個空管單位的指定最低高度要求，即坊間所稱的「空牆」，但這高度限制可隨着國際安全標準的改變和空管技術的提升而調整，並非固化如牆的限制，也與跑道容量問題無關。2007 年以來，三方已順利循序落實了一些改善空域使用的措施。雖然前期進度稍為落後於預期，但近年三方已在抓緊技術細節探討和進度，加強協調。

在局長任內，我曾就珠三角空域優化使用和管理問題，多次與國家民航局的領導會晤商討，並獲國務院港澳辦多所支持。2015 年 4 月我親往北京拜會國家民航局李家祥局長，他重申全力支持香港國際機場三跑道系統計劃，雙方並同意採取務實合作態度去處理區內空域的優化管理和協調，以回應區內各大機場共謀發展的需要。2016 年 3 月 3 日，國務院發出《關於深化泛珠三角區域合作的指導意見》，明

確表示：「支持香港國際機場第三跑道建設，鞏固香港國際航空樞紐地位，統籌航路航線安排，加強香港國際機場與內地九省區機場的合作，打造具有國際影響力的臨空經濟帶」（第二十八段），以及「統籌泛珠三角區域空域資源管理使用，明確區域內各機場分工定位，實現機場群健康有序發展」（第十段）。

2016 年 5 月 9 日，在國家民航局王志清副局長和我親自見證下，國家民航局空中交通管理局、香港民航處及澳門民航局在香港簽署《強化內地與港澳民航空管珠江三角洲地區空中交通管理規劃與實施三方合作交流機制協議》，同意三方有關領導層加密溝通會面，以助逐步推進 2007 年珠三角空管規劃方案的目標。王志清副局長並向我表示，國家民航局會全面配合，務求令香港國際機場三跑道系統能夠發揮最大效用，長遠達至每小時處理 102 航班的目標。中央政府支持香港機場三跑道系統的態度已十分明確，三方在合作協商上亦有穩定進展，因此我有信心，至 2024 年左右三跑道系統落成啟用時，香港國際機場飛機升降的實際容量可大大增加，足以應付空運增長所需，至 2030 年或之前達至平均每小時 102 架次。

經歷了高鐵項目的冗長爭議，運輸及房屋局不敢怠慢，亦視以千億元計的三跑道系統項目為在社會及政治上不容低估的重大挑戰，

故一早做好大量資料上和部署上的準備，嚴陣以待。在處理好規劃、環保和融資安排，理順與內地當局關於空域使用和管理的事宜，以及克服種種反發展和政治阻力後，三跑道系統工程終於上馬並已經進入建造階段。現在就要看機管局如何做好工期管理與成本控制，為香港國際機場於 2024 年注入新活力、新姿彩了。

參考閱讀

1. Airport Authority Hong Kong, *Hong Kong International Airport Master Plan 2030: Our Airport, Our Future*, June 2011.

2. 立法會個別政策事宜資料庫【經濟發展】:「三跑道系統計劃」，立法會網站，legco.gov.hk。

3. 運輸及房屋局提交立法會經濟發展事務委員會討論文件「香港國際機場三跑道系統計劃的最新進展」，CB(4)650/14-15(05)，2015 年 3 月 20 日（內附運輸及房屋局提立法會參考資料摘要「香港國際機場三跑道系統」，2015 年 3 月 20 日）。

4. 運輸及房屋局提交立法會跟進香港國際機場三跑道系統相關事宜小組委員會討論文件「跑道容量相關事宜及珠江三角洲空域管理」，CB(4)832/15-16(01)，2016 年 4 月。

5. 中華人民共和國國務院，《關於深化泛珠三角區域合作的指導意見》，2016 年 3 月 15 日印發，見新華網，xinhuanetcom。

第十二章 ——

2012 年南丫島附近撞船事件

交通運輸乃「多事」範疇。上屆政府任內，運輸及房屋局差不多每年均遇到一重大危機，未計及房屋範疇，單在運輸方面有 2012 年南丫島附近撞船海難事件、2014 年高鐵工程延誤超支爭議，以及 2015－2016 年民航處審計報告及新航空管理系統爭議等，涉及轄下不同部門，包括海事處、路政署及民航處。此外，還有日常大大小小的交通事件和爭議，包括車禍、道路擠塞、公交票價、公交脫班、巴士及小巴路線調整、的士服務以至 Uber 問題等等，矛頭皆指向運輸署；當中較矚目的如 2015 年 10 月一艘躉船駛經汲水門大橋時與大橋碰撞，導致青嶼幹線發生通車十八年來最嚴重的交通癱瘓事故，致港鐵機場快線及東涌線一度封閉，與大嶼山的交通完全癱瘓達兩小時。

說運輸及房屋局乃各政策局中最「惹火」之局，應不為過。這並不奇怪，因為住屋和交通皆關乎社會民生，在日益緊張的容量局限（capacity constraint，包括空間及公共設施）下，尤其容易滋生不滿。交通擠塞及公交候車需時固然招來投訴，而運輸基建工程近年超支滯後情況，在市民眼中似成常態，故易成為媒體和議員訴求以至炒作的「至佳」焦點。從積極看，水來土掩，唯有努力拆彈，有錯就認就改，就算部分問題源自過去制度做法、政策定位、行政疏忽、執行失誤或認知不足，但今天在位者亦須代表政府承擔責任，及早檢討矯正。局內和相關部門同事可經一事、長一智，提升認知警覺，豐富危機處理

經驗，加強風險意識，未嘗不是塞翁失馬、焉知非福呢！因此，曾經在運輸及房屋系統工作過的政務官和專業職系同事，一般皆取得若木人行般的歷練。

關於高鐵的爭議在第八、九章已作分析交代，新空管系統的檢視和運作也在第十章簡述提及。本章集中回顧 2012 年南丫島附近撞船事故，分享一些當時的個人體會，以及應如何吸取深刻教訓，使在事發時因輿論群情洶湧而被忽略的情節或事實，藉事後梳理，提供多些角度去明瞭事件，也讓後來者和關心政策與施政的人士有個參考。

2012 年 10 月 1 日國慶日，我沒有出席煙花慶祝晚會，晚上 8 時 50 分左右突接到時任海事處處長廖漢波來電，說南丫島附近發生了撞船事故，當初我還以為是渡輪碰撞到碼頭石墩，因為類似事情以前曾經發生，遂問他情況如何。他進一步解釋，說有兩隻本地船相撞下沉，百多人墮海待救，海事處及消防警察等部門人員均趕赴現場救援。我頓時無言，心中一沉，知道要面對一場災難。撞船事故造成嚴重傷亡、39 條人命，令人悲痛欲絕。為何在一個正常能見度的晚上會發生如此悲劇？政府不能不弄個清楚，以還死傷者及家屬公道。事態的發展，媒體有大量報道，政府亦迅即成立獨立調查委員會進行聆訊，其在翌年 4 月發表的報告書詳盡分析事故發生的因由，我在此不贅。

危機處理

這是我上任局長後首宗在運輸範疇發生的重大事故，當時即予危機處理，在接下來的兩星期與局內負責運輸的常任秘書長、相關同事及海事處處長和其首長級同僚頻密開會，討論對策，並應付議會質詢（當時立法會曾進行緊急休會辯論）及獨立調查委員會的調查。我向他們說，通常發生嚴重意外，即時是救援和善後，跟着便是調查成因、追究責任，因此很快海事處將會陷入「風眼」，故不能等閒看待。事後回看，當時海事處高層包括處長似未夠重視獨立調查委員會的聆訊及其影響。我要感謝獨立調查委員會的報告，讓我知悉一些之前運輸及房屋局未能覺察的事情和狀況。

撞船事件後，我要求海事處除協助救援外，並須從速展開對事故的調查，包括船員駕駛航行有否違規、相撞過程、船隻結構、其破損的位置及程度、為何「南丫4號」船艙入水後迅速下沉，以及船上安全設備是否不足等，也須檢討海上安全狀況及海事處監管制度是否完善。即時的措施包括加強巡查本地船隻，特別是檢查船上的救生設備和裝置，除了平常的抽查外，海事處於10月底前檢查了全港所有158艘渡輪和街渡的安全設備，確保符合法例要求，若有違規，即時檢控。日後，煙花匯演舉行前要做好安全宣傳，並在其間加強巡查船隻

及執法，並聯同水警管理好海上秩序和泊岸安全。

雖然香港本地船隻的安全規管，基本上跟英國和新加坡本地船隻的制度相若，法定的驗船及發證機制亦符合國際標準，但經過今次海難事故，我要求局方同事與海事處展開研究，全面檢討對載客船隻的規管制度及法例。列入優先與業界探討的措施包括：加強船長考試課程及制度、要求本地載客船隻的船長室裝設閉路電視及船舶自動識別系統（Automatic Identification System, AIS）、規限船長船員的工作時數和檢討其輪更模式、檢討本地載客船隻的最低配員要求，以及將一些屬於指引性的措施透過立法施行等，以加強海上交通管制，確保航道安全。此外，並研究提高強制第三者保險的保額，以及參考陸上交通意外傷亡者援助基金，考慮應否設立海上交通意外援助計劃，後來經深入研究及考慮市場情況，認為並不可行。

本地船隻業界對上述加強規管措施有所顧慮，怕矯枉過正，既關注執行的可行性，更擔心增加其營運成本，並與我會面陳情。但我認為，經過今次撞船海難，不能低估任何風險，一切應以安全為上。為了減輕業界負擔，我最後決定由公帑全額資助本地船隻安裝 AIS 及半額資助安裝雷達。此外，應業界要求，以協助他們遵守須在船上配備兒童救生設備的新規定，海事處委託了香港理工大學研製新款的成人

和兒童兩用救生衣,應屬世界首創。

獨立調查委員會研訊

由倫明高(Michael Lynn)法官主持的獨立調查委員會,經過六個月的調查和聆訊工作,於 2013 年 4 月 19 日向行政長官提交報告書,4 月 30 日公佈,除批評涉事船隻的船長和所屬船公司外,另一矛頭指向海事處。獨立調查委員會的研訊主要針對三大問題:(1)為何發生撞船?(2)為何「南丫 4 號」下沉並如此迅速沉沒?(3)為何「南丫 4 號」的乘客罹難人數眾多?通過研訊,並根據海事處人員自九十年代以來對「南丫 4 號」進行的檢查和船隻破艙穩性(Damage Stability)數據計算工作,以及 2008 年新的救生衣規定生效後的執法等情況,調查委員會又評核本港載客船隻的一般海事安全及監管是否足夠。

調查委員會判定海事處過去在批圖、驗船、執法、監管等方面皆存在漏洞與不足,特別是程序上及記錄上的缺陷,提出必須作出制度上的改善。其十多項的改善建議涵蓋:准載客量;水密艙標準及水密門裝置;船上安全管理系統;安裝船舶自動識別系統、避碰雷達和甚高頻無線電,並在駕駛室配備火箭式降落傘照明彈;船上加派瞭望員

當值，並備存應變部署表；為船上每名兒童備存足夠的兒童救生衣，並考慮提供嬰兒救生衣；船上各種標誌、使用安全設施和救生衣的示範、操作手冊及驗船證明書；甲板座椅固定裝置標準，以及海事處批核船隻圖則、驗船、發牌及更改發牌條件的安排等。

我十分重視調查委員會對海事處就本地載客船隻的監管的各項批評。由於今次事故的嚴重性和上述問題的存在，已影響市民對香港海域航行安全的信心，故政府責無旁貸，須全力改善，並作制度性檢視和改革；而在過程中若發現任何人為失誤，須按照既定公務員事務程序跟進，秉公和嚴肅處理。我決定分兩方面跟進，一是由運輸及房屋局對海事處作內部調查，並對一些過去的失誤以至積存已久的做法，督促海事處全面檢查；二是由我親自督導海事處進行部門性改革，並獲公務員事務局調派一名首長級政務官加入海事處，出任副處長（特別職務）去領導一個高層執行小組，輔助處長進行檢查與改革，其後又由海事處延聘國際海事專家顧問提出專業意見，以加強改革力度。我希望海事處人員認真吸取今次事故的教訓，徹底改革。

內部調查

我於2013年6月底成立由常任秘書長（運輸）黎以德領導、一

名特派首席行政主任專責的內部調查小組，調查海事處人員過去就「南丫 4 號」執行職務時是否有行政失當及失職失責。我給予調查小組的清晰指示是：調查要全面、徹底及公平，不論所涉人員的職級高低。調查小組在 2014 年 3 月底向我提交報告。我在 4 月 24 日向海難者家屬及公眾交代調查結果。調查按公務員事務程序進行，針對被查人員是否涉及紀律問題，而非任何刑事或民事責任；若遇到任何懷疑存在刑事成分的事宜，當即轉介執法機關。根據調查所得，調查小組認為共有十七名海事處人員過往就「南丫 4 號」執行職務時涉及行為不當，建議考慮對其中七人採取正式紀律行動，當中有首長級，並對其餘六人考慮採取簡易紀律行動，即警告。另外，四名在撞船事故發生時已退休的人員，小組亦認為他們過去執行職務時涉及行為不當。運輸及房屋局在 4 月初將整份內部調查報告轉交公務員事務局作紀律程序跟進。

小組過去調查期間曾兩次向警方轉介懷疑涉及刑事成分的事宜，由警方跟進。同時，應警方要求，局方亦將整份內部調查報告交予他們，以協助就撞船事故進行的全面刑事調查。之後，警方亦有作出檢控，包括檢控涉事船隻的兩名船長。是次調查過程中，小組發現過往有其他一些第 I 及第 II 類別船隻沒有完全符合法例要求的情況，故我要求小組就第 I 類別船隻的救生裝置配備情況進行另一調查。小組基

於調查過程中搜集的資料，觀察到海事處內存在若干系統性問題，涉及部門的管理及工作文化、內部溝通、從屬關係、監察機制、員工培訓及檔案管理等，故我亦要求海事處處長審視情況，作出改善。

內部調查是徹底、全面和公平公正的，共調查了五十多人，所有自從九十年代中起接觸過「南丫4號」各相關程序，不論是直接或間接的一些海事處現職或退休人員，都在調查範圍之內。全份調查報告共430頁，並有399份附錄，陳述相關事實和情節，十分詳盡。可惜的是，調查完成後我不能就此公開整份調查報告，儘管我之前曾經表示調查報告一定可以公開以釋疑，箇中原因是相關的法律意見認為不應公開，特別是刑事檢控專員的意見。從向公眾交代及還死難者一個公道的角度言，我仍認為應最終把調查報告公開，因為我們坦蕩蕩，內容沒有什麼要去隱瞞。

刑事檢控專員在2014年4月28日在立法會經濟發展事務委員會會議上，詳細解釋當時為何不能全面公開內部調查報告的原因。當中最重要的考慮，關乎對刑事調查及任何可能進行的刑事程序所造成的影響。首先，全面公開調查報告有影響證人或嫌疑人證供的風險。報告原文極詳盡地記錄了被接見的每一位海事處人員向小組提供的書面及口頭陳述。在那個階段披露報告全文，會令嫌疑人士預先得知證人

的陳述，給予他們機會相應修改甚或捏造其後向警方提供的證據。由於警方對海事處人員的刑事調查工作仍在進行，我們更要確保這階段的刑事調查得以順利完成。證人的記憶和證供亦有可能被擾亂，可能是蓄意地修改證供以切合從報告閱讀得來的資料，或是潛意識地把他們憑本身獨立記憶所知的，與他們當時沒有知悉但其後透過閱讀報告得知的事宜混淆。

除刑事調查外，控方亦要着眼將來可能進行的刑事審訊。證人在庭上的證言才是最重要的證據。若證人將其本身記憶所知及經歷的，與其當時沒有知悉但其後閱讀報告才得知的事宜混淆，則其證供的份量和可靠性，甚至在法庭來說的可接納性，均會受到不利的影響。若不謹慎地處理這問題，會直接為將來辯方在任何相關的刑事審訊中，提供基礎及理據、盤問並質疑證人供詞的可靠性。另外，全面公開內部調查報告也有影響將來可能出現刑事審訊的公平性的風險。「公職人員行為失當罪」可能是警方刑事調查的方向。嚴重的違紀行為已可能構成「公職人員行為失當罪」。根據律政司的意見，如果內部調查報告的內容與警方其中一個重點調查方向一樣，則公開報告全文可引致辯方抨擊，稱陪審員可能受到調查的結果和建議影響，令可能會進行的任何刑事檢控程序變得不公。

　　2014 年 4 月 24 日，運輸及房屋局已向立法會經濟發展事務委員會發出文件，並以一份摘要形式，向公眾公佈內部調查的整體結果和建議，以及一些可公開的資料。死難者家屬認為所披露內容太少，部分家屬要求在簽署保密協議下，閱覽整份調查報告。與此同時，經濟發展事務委員會通過議案，促請政府將該份調查報告交予立法會，供議員在保密協議安排下閱覽。

　　當時政府完全明白立法會及社會人士，尤其是死難者家屬，急欲知悉內部調查報告的內容。在充分考慮了各方面的訴求後，我們作出進一步安排。就傷者及死難者家屬方面，律政司提議他們考慮透過向政府索償的民事法律程序處理其索閱內部調查報告的訴求，透過法院就披露調查報告的具體方法和條件與及當中涉及的法律問題作出公平裁決，可避免對正在進行的刑事調查或日後可能進行的刑事程序以及所建議的公務員紀律程序，產生不必要的負面影響，亦可依《個人資料（私隱）條例》第 60B 條處理披露個人資料的問題。至於向立法會公開調查報告，我們決定讓議員在事前須簽署保密協議的條件下，於一指定地方閉門閱覽調查報告，但他們不可以任何方式公開或複印該調查報告或當中的任何部分。此外，為遵守《個人資料（私隱）條例》中的強制性規定及其他所需的法律要求，供議員閱讀該調查報告的部分內容相應地被遮蓋（redact），而若議員要在立法會或任何委員會上

討論調查報告，則有關討論必須是閉門進行、不向公眾公開。

2014 年 6 月，立法會辯論應否通過運用《立法會（權力及特權）條例》，授權內務委員會命令政府交出內部調查報告內文，我代表政府反對此議，並在發言中重申，在決定是否公開全部內部調查報告的內容時，政府須考慮和平衡四大因素：（1）公眾利益和公眾知情的需要；（2）《個人資料（私隱）條例》下適用的強制性限制；（3）對刑事調查及任何可能進行的刑事程序可能構成負面影響的風險；以及（4）被指行為不當的公務人員在行將展開的紀律程序中獲得公平聆訊的相關法律考慮。

全面檢討海事處的制度與運作

在進行內部調查之同時，我於 2013 年 5 月成立「海事處制度改革督導委員會」，由我親自主持，成員包括前申訴專員戴婉瑩及資深人事管理專家顧爾言。經過三年努力，全面檢視了乘客安全、檢驗本地船隻、內部管治、人手短缺和人才培訓等範疇，並參考了海事處委聘之英國海事專家的詳細審視報告及建議，以推行各項改革措施，提升部門運作和監管能力。

在規管乘客安全和本地船隻方面，海事處制定和實施了一系列提升海上安全的改善措施，包括加強瞭望、安裝航行及通訊設備、改善救生衣的配備、加強船長培訓及考試、提高本地船隻第三者風險保險的最低保額等。在運作模式和工作程序方面，海事處已分兩個階段進行組織性檢討，以改善其規管職能和運作程序、加強前線人員與管理層的溝通、制定系統和程序以改善匯報及文件記錄工作，以及運用資訊科技改善資料的儲存和共用等。在人力資源策略和培訓方面，海事處實施務實措施以解決兩個專業職系（即海事主任和驗船主任職系）的嚴重招聘困難和人手短缺問題，務求在不影響海事處專業服務的前提下擴闊合資格的人選範圍，並就該兩個職系作出職系架構檢討。

此外，海事處會進行多項法例修訂工作，以進一步加強規管本地船隻，確保乘客及海上安全。正如委員會在其2016年5月的最後報告所表示，當前的挑戰，是維持海事處推行變革和改善的動力，並向海事處人員灌輸有必要進行變革及要持續改善運作模式和做法的觀念，而這需要一個較長的過程。

事件教訓

南丫島附近撞船海難令海事處的監管制度和公信力受到重大質

疑，社會上千夫所指，員工士氣大受影響，海事處管理層應勇於承擔責任，認真檢討。海事處因一般工作不直接涉及普羅民生，接觸多為業界圈子，平日不在媒體、議會的「關注雷達」上，過去處事或易流於因循過去、未能與時並進，亦少去主動宣傳部門的工作，有事情發生也缺乏政治敏感度，不善於向公眾講解專業問題，致往往贏不了同情。2012 年海難事故的衝擊乃當頭棒喝。我在獨立調查委員會報告書公佈後的記者會上（2013 年 4 月 30 日），除了就海事處在海事監管工作上的問題和失誤，代表政府公開致歉外，也表明決定對海事處進行內部調查，並全面檢討海事處的運作和制度，就是要讓公眾知道政府改革海事處的決心，以解決部門內一些深層次問題，重拾社會信心，使其有機會重新出發。

海事處的一些深層問題累積多年，故改革涉及行事方式、程序和制度上的改變，亦觸及機構及員工文化，要有廣泛的同事認同和配合才可成功。不過，我們不應因一次的悲劇，便貿然否定處內所有海事專業和前線員工長年在多方面的努力。香港仍是世界上最安全的港口之一。

參考閱讀

1. 立法會就陳家洛議員根據《議事規則》第 16（4）條動議的休會待續議案辯論「十‧一海難的跟進工作」，2012 年 10 月 18 日，見立法會會議記錄。

2. 倫明高（法官）、鄧國斌，《2012 年 10 月 1 日南丫島附近撞船事故調查委員會報告》，2013 年 4 月，香港政府一站通（www.gov.hk/coi-lamma）網頁。

3. 運輸及房屋局提交立法會經濟發展事務委員會討論文件「運輸及房屋局就 2012 年 10 月 1 日南丫島附近撞船事故對海事處人員行為的調查」，CB(1)1295/13-14(03)，2014 年 4 月（內夾附調查報告摘要）。

4. Steering Committee on Systemic Reform of the Marine Department, *Final Report,* April 2016.

結

語

運輸政策涵蓋很廣，我任局長時慣常以一隻手掌五指去形容，即陸、海、空、港口、物流，影響遍及日常民生（人流貨運活動）以至香港對外經貿和文教聯繫。而且，運輸基建也是香港作為全球和區域樞紐的重要依賴。

今時今日，社會上皆期望我們的城市宜居性高、綠色易行，且具「智慧城市」特色。目前，香港經濟仍然穩定發展，失業率偏低，政府財政充裕，社會消費力強勁，市民出入自由，為不少海外國家和城市所羨慕。宜居城市其中一個關鍵是內外交通方便。就此香港可說表現突出，我們的公共交通系統乃世界各大城市中至為便捷高效的，服務班次頻密，票價相對不高；航空交通方便，平均每日超過 1,100 航班升降，與全球逾 220 個航點緊密連繫，發揮着很多其他城市無法比擬的樞紐港優勢。藍色經濟，即海運和空運，更是香港自英殖時期起賴以建立為重要轉口港和國際商貿中心的基石。

　　可是，與此同時，香港也面臨區域內包括內地新冒起大型城市和港口，在競爭力方面的挑戰，住屋負擔與廣大市民的工資水平嚴重脫節，有樓者與無樓者之差構成新的階級矛盾，社會財富不均加劇，構成潛在的城市危機。儘管香港四通八達，城市管理和公共設施在國際上屬於高質，政府行政管理和監管表現在世界上僅次於新加坡，[1] 近年在環保和綠化方面也作了不少努力，但由於人口擠迫，空氣質素仍需改善，特別是市民在居住上愈住愈貴、愈住愈小，令香港的城市宜居性打了折扣。

　　隨着出行人數急增，而用者不單是本地乘客，也有每年五千多萬的內地和外國遊客，平均每天使用公共交通者超過一千二百萬人次，使香港的公交負荷接近飽和，擴大公交容量急不容緩。我們城市發展之速度及人貨流量之增幅，已大大超越道路網絡的增長，且因香港地理環境所限，根本不容許不斷築路，去追趕汽車的增長。因此，在適量擴充運輸容量及提升運力效率之同時，我們不能不對運輸需求也作優次管理。

1　見世界銀行 2016 年全球管治指標（Global Governance Indicators），香港在「政府有效性」（Government Effectiveness）和「監管質素」（Regulatory Quality）兩項的評分分別為 98.08 和 99.5，僅次於新加坡的 100 滿分，高於日本、美國、英國及澳洲等發達國家。

　　我在上屆政府任內實行供應側與需求側雙管齊下的交通策略。
增加供應方面，及早作中長期規劃，先後制定《鐵路發展策略 2014》
和《公共交通策略研究》，採取公交為本、鐵路為骨幹、多元服務的
總體規劃方針，並提出引入新的專營的士以豐富個人化點到點公交選
擇。需求管理方面，我們邀請交通諮詢委員會完成《道路交通擠塞研
究》，並按其建議的改善方向，就有限道路資源的使用，採取公交優
先、控制私家車增長的策略，並積極重組優化巴士路線，減少道路擠
塞和路邊廢氣排放量，以及研究如何透過收費槓桿促使三條過海和三
條相關陸上隧道「合理分流」，以疏導連接路交通。

　　票價問題一直是本地交通政治的熱點，民意代表「逢加必反」。
由於政府於 2007 年與兩鐵合併後的新港鐵公司簽訂了包含方程式直
接驅動票價調整機制的《營運協議》，使政府對鐵路服務的票價制定
失去像對其他公交服務般的積極「把關」作用，時時陷於被動。但無
論如何，我於上屆政府提出「票價公道」（Fair Fare）的立場，因為
這樣才合乎「公共交通為本、鐵路為骨幹」策略的邏輯。

　　涉及汽車的舉措和問題，是交通政治另一熱點，當中包括隧道收
費、違泊罰款、泊車位及停車場、電子道路收費建議、首次登記稅及
牌照年費等，皆因容易觸動廣大私家車車主的神經。私家車被視為中
產生活的標誌，更有人說因為樓價過高，致不少年青人唯有買車以滿

足其擁有私產的追求。社會上一方面抱怨道路擠塞惡化，尤其在繁忙
時間，但另一方面對各種優化道路使用、遏抑繁忙路段擠塞和控制車
輛增長的措施，卻多所抗拒否定，顧左右而言他，接受不了強力措施
帶來的陣痛。

　　綠色出行乃宜居城市的一個元素。我們在上屆政府確定打造香港
成為一個對步行和單車友善的環境，提出了一些計劃。不過，得須承
認，長期以來，香港的運輸政策思維傾斜於機動交通，故調整需時較
長，包括更新現有的城市規劃準則，不能一步到位，但更為關鍵的，
是社會上的出行心態和習慣，因為假如人們仍鍾情私家車，則政策調
整的力度便一定被削弱。「共享交通」是最時麾的智慧城市標記。其
實，公共交通包括的士何嘗不是古典式的「共享」交通工具呢？應用
新資訊科技當然好，但對便捷交通的最終考驗仍是：究竟會為道路交
通增加還是減少負荷？

　　對外交通離不開橋隧、鐵路、海運和航空。上屆政府致力抓緊
陸海空三方面的對外運輸基建，包括高鐵香港段、港珠澳大橋港方工
程，以及啟動香港國際機場三跑道系統工程。雖然現時香港社會上充
斥着反發展、疑基建，把一切基建項目貶為「大白象」的民粹情緒，
而跨境項目更易被高度政治化，但我們在政府內清楚知道，假若香港
沒有高鐵連接全國急速擴展的高鐵網，假若香港失去港珠澳大橋使能

便捷連接充滿商機之珠三角西部地區的條件，假若香港不能落實三跑道系統而落後於周邊各大型國際機場的擴建，像倫敦就希斯路機場應否建第三跑道蹉跎多年議而不決，那麼原為區域和全球運輸樞紐，原為南中國交通要塞的香港，就只會落得自我邊緣化、自我削弱經濟競爭力和優勢的下場，這不是對我們下一代負責任的選項。

面對新世紀內地大型城市的冒起和競爭力不斷攀升，如上海、北京、深圳、廣州、重慶、廈門等，面對亞洲其他大城市如新加坡、東京、首爾等均在努力擴大發展容量，香港沒有停下來不發展的條件。滿招損，我們不能靠吃老本，或停留在過去的輝煌。

我也明白，很多市民關心環境保育，關心過度發展做成的資源影響，所以政府必須確定基建的投資效益，做好工程監督、成本控制，以減少公眾擔心浪費資源的疑慮。我們必須認真吸取高鐵工程嚴重延誤超支的教訓，也應檢討近年基建工程項目普遍超支滯後的結構性原因，改善規劃和施工監督機制。

現時，大型基建項目規劃流程過長，成本估算多番調整，且因政府立項及立法會審核嚴格，工程的成本預算往往建基於過去投標價格走勢，而不一定充分反映未來的建造費用及勞工和物料供應的環境，加以延誤必然導致超支。如何讓廣大市民和各行各業多些了解不同基

建發展對經濟、就業、民生、創富及促進城市宜居的重要性，從而減少民意代表在議會上的「留難」或「拉布」，也關乎加快項目落實的流程，使早些施工、早些完成而不致建設費用不斷上升。未來二三十年，香港將進入各項大型基建工程高峰期，因此有必要全面檢視工程延誤和支出失控方面的種種風險，更不能因趕工而犧牲質量與安全。

在五年局長任內，我親身見證了香港在公共交通、海運、空運、港口、現代物流和運輸基建等各方面的一些驕人成就，這些表現不應因為間中出現的服務故障或工程超支滯後，或是我們面臨來自內地城市和區域內日趨激烈之競爭，而一筆抹煞、自我低貶。我能有幸參與撰寫「香港建設」故事的一部分，與不同專業的同事和業界持份者共赴挑戰，深感自豪；就一些對基建工程持極大偏見的批評，動輒無限上綱、矮化香港，我感到不快不忿。在我去年離開局長崗位時，我鼓勵相關部門同事應恪守專業、常思改進、不畏批評、勇於溝通、誠實而自信地為香港的發展發聲。

發展與保育不用對立，投資基建也是為了改善民生，最終以人為本，有助我們城市的長期持續發展，成為亞洲一個高度宜居的城市。

【新世紀香港社會研究系列】

不能迴避的現實

回顧任局長五年的
運輸政策

張炳良 / 著

出版

中華書局（香港）有限公司

香港北角英皇道四九九號北角工業大廈一樓 B

電話：（852）2137 2338

傳真：（852）2713 8202

電子郵件：info@chunghwabook.com.hk

網址：http://www.chunghwabook.com.hk

發行

香港聯合書刊物流有限公司

香港新界大埔汀麗路三十六號

中華商務印刷大廈三字樓

電話：（852）2150 2100

傳真：（852）2407 3062

電子郵件：info@suplogistics.com.hk

印刷

美雅印刷製本有限公司

香港觀塘榮業街六號海濱工業大廈四樓 A 室

版次

2018 年 7 月初版

©2018 中華書局（香港）有限公司

規格

16 開（230mm×170mm）

ISBN

978-988-8513-23-9

責任編輯　黎耀強

裝幀設計　霍明志

排　　版　沈崇熙

印　　務　劉漢舉